地中海世界

ギリシア・ローマの歴史

弓削　達

講談社学術文庫

まえがき

本書は、ほぼ二千年にわたるギリシア・ローマの歴史を扱っている。しかもそれを、類書でしばしば行なわれるように、ギリシアとローマという二つの歴史として扱っているのではない。一つの一貫した歴史として追究しようとしているのである。

ギリシアとローマを一つの世界として捉えようとするときに、ひとはしばしば「古典古代」という概念によりかかる。しかしながら、「古典古代」という概念は特定の時代の特定の人びとの時代意識、あるいは価値意識を前提にした概念であって、それはただちにわれわれのものにはなりえない。人間性と個性と理性の解放をねがい、理性の進歩にこそ人間の幸福があると信じた時代の人びとにとって、ギリシアとローマは、回帰すべき、模範とすべき時代であり、「古典」古代であった。この信仰を共有しない現代のわれわれにとって、ギリシア・ローマは「古典古代」ではありえないのである。

ではどのようにして現代のわれわれは、ギリシア・ローマを一つの世界として捉えようとするのであろうか。歴史とは現在と過去との対話であり問答である、というE・H・カーの名句をふまえていえば、バラクラフのいうようにグローバルな世界史的段階に立つわれわれの精神によって捉えようとするのだ、と答えるほかはないであろう。本書の叙述が、無色透明、中立的で「客観的」であることを要請する文部省の検定を通過した高等学校の「世界史」教科書のたぐいと、おそらくまったく趣きを異にするのも、そのためである。

現代の立場に立ってギリシア・ローマ史を追究する、といっても、私はローマ史のごく一部を自分の専攻領域としている一歴史家である。そのような者がどうしてギリシア・ローマ史を現代の眼で一貫して描き出すことができるであろうか。それはおよそ不可能なことではないであろうか。

そのとおりである。それは自分ひとりでは絶対に不可能なことである。それを私があえて試みたのは、現代の、とくに日本の、他の多くのすぐれた歴史家たちの研究に信頼をおくからであり、それに助けられているからである。これらの歴史家仲間は、もとより世界の学界の研究水準をふまえながら、期せずして日本の現代の歴史家としての眼をもち、おおむね共通した問題意識に導かれて研究をすすめている。それをふまえ、それに助けられてここに叙述したギリシア・ローマの歴史は、その意味でそのまま現代の歴史の一こまでもあるだろう。

ギリシア・ローマの歴史を地中海世界の歴史としてとらえ、その地中海世界の形成と発展と衰退の論理を追究するとき、共同体論が中心にすえられたのも、日本の学界的背景をふまえてのことであった。古典古代の共同体が形成と発展と衰退の一サイクルを終わったあと、古代末期（ローマ帝国後期）について新たな共同体論でそれをうけつぎ、それによって発展の論理を追究するという作業にしたがうことができなかったのも、結局は日本の学界の未熟さのゆえなのである。わずかに、侵入した外民族の若々しい共同体に目を向けることができたのみであった。いっぽう、ローマ帝国史については支配と平和と正義の問題に焦点をあて、支配のイデオロギーをめぐる思想闘争に比較的多くのページを使ったが、そのさい現代世界の姿が二重写しになって私の眼底に焼きついていたことも、偽らざる事実であった。

そのようなわけで、二千年の歴史を二五〇枚に収めたからといっても、これはたんたんたる歴史の概説書ではない。読者が、乗物の中で、公園で、学校で、職場の片隅で、あるいは書斎で、自分の身の廻りを見まわし考えめぐらしながら、雑音の交叉する中で読んでくださることを期待して駆け足で書いた今日の歴史である。

一九七三年四月

著者

目次

地中海世界

ギリシア・ローマの歴史

第一章　地中海世界に何を問うか

地中海世界とは何か

気候、風土やその他の自然的環境が、そこに住む人びとに影響を与え、人びとの衣食住はもとより、生活様式や生活のリズムにまである種の共通性を与え、精神と文化の性格にも一定のかげをおとすということは、否定することができない。地中海沿岸地方は、夏は高温で乾季であり、冬は雨季であるが気温は比較的高いという、いわゆる「地中海性気候」によっておおわれていた。ナイルやティグリス、ユーフラテスのような大河がなく、天水も長く土壌にたまることなく、すぐに流れにそって海に排水されてしまうこと、石材は豊富であるが木材は乏しいこと、空気はすみ切って、山やまは紺碧の空にくっきりとそびえ立ってみえること、これらの自然的条件も地中海地方特有のものであった。こうした自然的環境が地中海地方の住民にとって、民族や文明の発展度の違いをこえた、ある種の公分母となっていることは、否定できないであろう。

しかしながら、ここでいう地中海世界とは、地中海という自然的公分母によってくられた世界ではない。そうした世界なら、自然的公分母の存続するかぎり、いつまでもつづくものであろう。ここにいう地中海世界とは、歴史のある時に成立し、歴史のある時に崩壊した、かぎられた歴史的世界である。もとよりこの地中海世界は、自然的公分母の理解なくしては十分に理解されることはないが、しかし、地中海世界を生み出したものは自然的条件ではない。もちろんそれを崩壊させたものも自然的条件ないしはその変化ではない。

地中海世界。今日の西半球における主要な歴史のにない手たちと、かれらの文化とは、これを母胎として生み出されたものであった。ラテン的・ゲルマン的世界、ギリシア的・スラヴ的世界、オリエント的・アラブ的世界は、地中海世界の崩壊の中からその分解によって生み出された第二次的世界であった。キリスト教的東西ヨーロッパ文明、イスラム的西アジア文明は、地中海世界の転成の中から生まれたものであった。地中海世界はそれらすべてのものの出発点であり、母胎であり、故郷なのである。

しかし他面において、地中海世界は、それ以前の多くの高度文明を包括し、それら相互の矛盾と衝突をはらみつつ、共同と交流を達成し、ひとつの世界にまとめ上げたものであった。エジプト、メソポタミア地方の古代オリエント文明、ギリシア文明、そしてラテン・ローマ文明が、地中海世界の中に流れ込み、その中である程度までアマルガムされて、新たなる諸世界、諸文化へと流れ出ていったのである。このような地中海世界の形成をなしとげたもの、それがローマ帝国とその巨大な支配であった。ローマなくして地中海世界は形成されえなかったのである。

ローマの支配と地中海世界

じつに、ローマ帝国とその支配は、空前絶後のものであったといってよい。それは、その支配した領土の広さだけからも、明らかである。ローマ帝国以前はもとより、それが滅びたのち今日に至るまで、ローマ帝国の版図となった地域が一つの支配権に統合されたことは二度とふたたびなかったのである。しかもその大領土をローマ帝国は、じつに数百年の長きにわたって支配しつづけたのである。紀元二世紀のはじめ皇帝トラヤヌスの時代に、帝国の領土は最大となったが、その時の領土を今日の国名にあてはめてみると、次のようになる。

まず西ヨーロッパでは、イタリアはもとより、スイス、フランス、スペイン、ルクセンブルク、ベルギー、オランダ、西ドイツ南部、リヒテンシュタイン、オーストリア、イギリスのうちのイングランドとウェールズ。東ヨーロッパでは、ハンガリー西部、ユーゴスラヴィア、ルーマニア、ブルガリア、アルバニア、ギリシア、ソヴィエト領のアゾフ海周辺。さらに地中海の島々をのみこんでアフリカ大陸北部に達し、モロッコ、アルジェリア北部、テュニジア、リビア、アラブ連合（エジプト）を含み、東方に向かっては、トルコ、シリア、イスラエル、レバノン、ヨルダン、それに加えてイラクおよびイランの一部、ソヴィエト領カフカズをも包みこんだのであった。

この巨大な単一支配を実現したとき、ローマ人は地中海を「われらの海」と呼んだ。地中海は今や、諸文化、諸民族をへだてるものではなく、それらをつなぐものとなったのである。この海を通って、ギリシア人の思想と文化も、イスラエル人の宗教も、東方の智慧も、西に伝えられた。ローマ帝国の一角パレスティナで起ったキリスト教はいち早く西方とローマに伝えられたが、それにはローマ市民権保持者であった使徒パウロが地中海を股にかけて旅行しそのローマ市民権に助けられてついにはローマにまで行くことができたことが大いに役立った。ローマ市民権は、地中海世界の旅行者にとっていわば万能のパスポートだったのである。

ローマの支配は同時代人によっても驚嘆されるところであった。しかし同時代人が何よりも驚嘆したものは、ローマの支配した領土の広大さであったのではない。紀元二世紀のギリシア人弁論家アリスティデスがローマの支配をたたえた演説で言っているように、同時代人が驚嘆したのは、ローマがポリスを征服しただけでなく、長く支配したその巧みな仕方であった。ポリスを支配したけれども、それを圧殺することなく、かれらを同等のものとして扱い、ギリシアの文化を受けいれ、地中海世界に空前の繁栄をもたらしたことであった。

ギリシア＝ポリスと地中海世界

ここで、われわれとして問わなければならない問題がさしあたってすくなくとも三つあることが明らかとなる。第一は、ローマのこのような巨大な、ポリスをも包みこんだ支配の秘密はどこにあるのか、ということ。第二は、ローマが支配したポリス、地中海世界の文化的・精神的中核を形作ったポリスの、その価値とは何であり、それはいかなる条件のもとに形成されたものであったのか、ということ。第三は、そのような高度文化を開花させたポリス、自主・独立で自由な人間を育んだポリスが、ローマに従属するに至ったについては、ポリスの側にもなんらかの理由がないはずはないが、それは何であったのか、ということ。

第三の問いから考えるならば、ギリシアのポリスの世界は、ローマの支配が及ぶより百年以上前に、すでに他国の支配に屈していたのであった。つまり、ポリス自体に自己の政治的独立を守りえない衰退のきざしが早くより現われていたのである。それが、北方のマケドニア王国のアレクサンドロス（アレクサンダー）大王による覇権を招いたのであった。アレクサンドロスのあと東地中海にたてられたいわゆるヘレニズム諸王国にも内外の矛盾が積み重なっていった。そしてそれがローマの支配を容易にしたことはいうまでもない。したがって、ポリスの衰退の問題と、ヘレニズム諸王国の内外の矛盾の問題は、地中海世界の形成を考えるにあたって、きわめて重要な問題となる。

ローマの支配によって統合された地中海世界が、後世に伝えたもっとも重要な遺産は、自主・独立で自由なギリシア人の精神とそれが育んだ文化であった。このギリシア人の自主・独立で自由な精神は、古代ギリシア人の国民性といったつかみどころのない一種の先天的な資質に由来するものではない。それは、ギリシア人の作り上げたポリスという独特の共同体ないしは国家の特質と深く結び合って生み出された歴史的な形成物であった。それゆえ、ポリスとは何であり、それはなにゆえに、またどのようにして成立したのか、という問いは、これまた地中海世界を考える者に課せられる基本的な問いとなるわけである。

これらの問いを追究した上ではじめてわれわれは、ローマの巨大な覇権がうちたてられえたのはなぜであったのか、というローマの支配の奥義について正しく問うことができるようになるであろう。

本書のねらい

千数百年に及ぶ歴史をもつ地中海世界は、諸民族、諸文化のぶつかり合う波瀾万丈の舞台であった。その間における、金石併用時代から青銅器時代を経て鉄器時代へと飛躍する技術水準の発展は、生産力と武力のはなはだしい優劣を生み、諸民族の隆替をいっそう激しいものにした。それら諸民族の多様性は、語族でいって、セム、ハム、インド＝ヨーロッパという諸語族を含み、なかでも活発な移動の波をくりかえしたインド＝ヨーロッパ語族の活動がしばしば歴史の舞台装置を一変した。ギリシア人もローマ人もインド＝ヨーロッパ語族の一派であった。さしもの大ローマ帝国が崩壊したのも、同じ語族に属するゲルマン人の南下移動の嵐の中においてであった。

しかも、文明の世界としての地中海世界の周囲には、文明世界になだれこむ内的必然性を抑えて、虎視眈々《こしたんたん》と地中海世界をうかがっている多くの未開諸種族があった。これらの未開諸種族の戦争と、地中海世界内部の諸民族相互がぶつかり合う戦争とは、他の条件が整ったとき、奴隷源に転化しうるものであった。こうして地中海世界は、もっともむき出しの階級的支配である奴隷制の展開する舞台となるのである。この奴隷制は、ポリスの社会と、あるいはローマ帝国の支配と、構造的にどのような関係にあるのであろうか。この問いも、地中海世界を考えるものが立ち向かわねばならない基本的な問いとなる。さきの三つの問いに加えて、これは第四の問いであろう。

ところで、その巨大な支配によって地中海世界を実現したさしものローマ帝国も、すべての歴史的形成物と運命を共にし、やがて滅亡の宿命を免れることはできなかった。地中海世界は崩壊するのである。おごる平家は久しからず、と無常の詠嘆に身を委ねることもよいであろう。しかし歴史を学ぶ者は問わなければならない。それはなぜであったか、と。ローマ帝国衰亡史における偶然と必然とを見わけ、それが不可避であったゆえんを問わなければならないであろう。これが最後の、しかしある意味では最大の問いである。

本書は、これらの問いを問いながら、地中海世界の歴史をたどろうとする。問いを問いながらということは、曲り角から曲り角にということ、曲り角に足をとめつつ、ということにほかならない。本書は、地中海世界千数百年の歴史の、曲り角と名所のとびある記にほかならない。以下、順を追って述べてゆこう。

第二章　東地中海世界と古典ギリシア

1　ミケーネ時代

東地中海世界の発見

今から二十年ぐらい前までは、ギリシアの歴史は、ギリシア人だけの歴史として書き始めることができた。すなわち、紀元前二千年紀はじめからギリシア人の一派アカイア人がギリシア本土に向けて南下定住をはじめたこと、かれらが地中海地方にみいだした先進のクレタ文明のこと、その影響をうけて作られたミケーネ文明のこと。これが、古代ギリシア史の冒頭で扱われるおきまりのテーマだったのである。今日でも、これらのテーマそのものがまちがっている、というわけではない。それ自体、十九世紀のシュリーマンによるミケーネ、ティリュンス、トロヤの発掘、二十世紀はじめのエヴァンズによるクレタ島の発掘、といった偉大な考古学的発見によって切り開かれた画期的な認識であった。これらの考古学的発見と、ホメーロスの二大英雄叙事詩にあらわれた英雄たちの世界の研究とが、ギリシアの夜明け前の世界にはいる扉の鍵だったのである。

今日でも、これらの認識が時代おくれになったとか、誤っているとかいうわけではない。しかし、そこから古代ギリシア史を書き始めるのでは不十分だ、ということに今日ではなったのである。それは、線文字Bの解読と、それに続いて専門家によって認識されるに至った「東地中海世界」の存在の発見、といった最近二十年間の研究の進展のためである。これらの研究の進展によって、エーゲ文明すなわち、ミケーネ文明、クレタ文明は、孤立してぽっかり生まれたものではなく、より大きな世界の一環を形作り、その世界の中での文化交流なくしてはありえなかったものであることが明らかになった。その世界が東地中海世界である。では、東地中海世界とはどのような世界であったのか。

「パリジェンヌ」と呼ばれるクノッソス宮殿の壁画の断片

紀元前二千年紀の半ば、エジプトはアジア系の民族ヒクソスの侵入をうけ、約一世紀半のあいだその支配をうけたが、やがて困難な長期にわたる反撃戦のすえ、エジプトはヒクソスをデルタ地帯から追い出すに至った。この過程で成立したエジプト新王国は、反撃から追撃へ転じ、さらにはパレスティナ、シリアを経てメソポタミアにまで遠征するに至り、異民族支配を含む世界帝国に転化していった。同じころ小アジアの奥地におこったインド＝ヨーロッパ語族のヒッタイトは、鉄製武器と馬と戦車の使用によって急激に軍事力を強化して対外侵略的となり、新王国エジプトとしばしば衝突し、そこに複雑な相互影響の関係が生みだされた。いっぽう、高度青銅器時代にあったエーゲ文明の担い手たち、すなわちクレタやギリシア本土などに成立していた諸王国も、しばしば外征に出て、ときには連合して小アジア方面に掠奪と遠征に出かけるなどして、ヒッタイト、エジプトとも衝突し、またさまざまな接触と交渉の関係をもつに至った。

これらの諸国家、諸民族は、生産技術の段階も、社会の発展度も、文化的水準も異るものであったが、こうした競合と接触の間に文化の交流が行なわれ、ある種の文化的共通性が生み出されたのであった。クレタとエジプトに類似した神聖文字が使われていたこと、つぎにのべる線文字Bがミケーネ、クレタだけでなく、類似の文字がキュプロス、シリアのウガリットで発見されていること、などをはじめ、活発な文化交流を示す徴候はすくなくない。ゴールドンという学者は、この東地中海世界の文化的複合体がホメーロスと聖書（もとより創世記、出エジプト記

クノッソス宮殿の王座室

などの）の共通の背景であった、と指摘している。そうであるとすれば、この東地中海世界は、やがてそれぞれ独自で個性的な文化と精神をもって世界史をリードすることになるギリシア人とイスラエル人を育んだ共通の故郷であるわけである。西洋文明の二大源流としてこれまで対立的にとらえられてきたヘレニズムとヘブライズムは一つの共通の母胎から生み出されたものということになる。つぎにのべるような、線文字Bの解読で明らかになったようなミケーネ社会のオリエント的性格は、このような文化的背景のもとで理解さるべきものなのである。

ミケーネ文字の解読

一九〇〇年、クレタ島のクノッソスを発掘したエヴァンズは、そこに実に壮大で贅美《ぜいび》をつくした王宮のあとを発見したが、そのとき多数の粘土板文書をも発見した。粘土板に書かれた文字は、エヴァンズによって、エジプトの神聖文字に似ているためにやはり神聖文字（ヒエログリフィック）と名づけられた一種の絵文字と、先の尖った棒で柔らかい粘土板に線をつけて書かれた線文字とに二分されたが、線文字はさらにAとBとに分けられた。おくれて一九三九年になり、ブレーゲンという学者は、ペロポネソス半島西南部を発掘し、そこから線文字Bの記された粘土板を多数発見した。そしてその地が、トロヤ遠征の老英雄ネストールの宮殿ピュロスであることを証明した。同じ線文字B文書はミケーネからも発見された。

ミケーネ文明の線文字B

エヴァンズによってミノア文字と総称されたこれらの文字、今日いうところのミケーネ文字に、当然多くの専門家の解読の試みが向けられた。解読の成否は、その文字で書かれたものが何語であるかを正しく決定することにかかっている。エヴァンズは、クレタと本土とに同じ線文字が発見されていることを、クレタ人が本土を支配したためであると解し、したがって線文字はクレタ人の言葉を表示したものとする立場を強く主張した。しかし、しだいに本土のギリシア人によるクレタ支配説が、新たな発掘品の増加によって有力となり、線文字を書いた人はギリシア人であったとする確信が強まった。そして、この前提に立って、日本のカナのような音節文字である線文字をギリシア語として解読する試みがすすめられたが、一九五二年になってイギリス人ヴェントリスが線文字Bの解読に成功し、翌年それを発表した。

ヴェントリスは建築家であったが、少年のころからエーゲ文明に異常な興味を示していた。かれは線文字Bのテクストを綿密に分析してデータを客観的に分析し、暗号解読の方法によって解読に成功したのであった。結果を学界に発表するにあたって、かれは言語学者チヤドウィックの協力を得た。イギリス人はこの快挙を、ヒラリーによるエベレスト征服に並ぶ一九五三年の十大事件にかぞえた。しかし、一九五六年九月六日、この天才は不慮の自動車事故によって急逝した。ときに三四歳であった。

線文字Aの解読はまだ成功していない。これを、セム系の言語として解こうとする立場と、ヒッタイトに近いインド＝ヨーロッパ語とみる立場と、二つの方向が対立しているが、その解読もそう遠いことではあるまいと考えられている。

ミケーネ社会の構造

線文字Bの解読自体より以上に専門家を驚かせたものは、解読の結果あきらかになった事実である。線文字Bで書かれた粘土板文書は、クノッソスやピュロスの王宮から出土した王室経済文書であったが、より科学的・組織的に発掘されたピュロスの文書から、かなり正確に当時の王国の社会状態がわかってきた。

まず、社会の基礎をなす生産では、農業と牧畜が基本的生産をなしていた。農業では、大麦、小麦、野菜のほか、ぶどう、オリーヴ、いちじくなどの果樹もさかんに栽培された。牧畜では、多い順にいって、羊、山羊、豚、牛で、馬は少なかった。手工業では、陶工・冶金師のほか、武器製造人、弓製造人、金・銀細工人、染色人、船大工、石工《いしく》などが王室に従属していた。外国貿易はかなり行なわれていたとみられるが、貨幣は存在せず、売買文書の出土もないので、国内の交換経済は未発達であったと考えられる。

王は土地と家畜の大所有者であるうえ、かなり整備された行政組織をもって支配下の村々に貢納を課し、家畜、農産物、金属などをうけとっていた。王室の奴隷所有の発達はいちじるしく、数千人の男女奴隷が労働集団に分けられて働かされていたらしい。女奴隷の集団には、乳母、粉ひき女、水汲み女、紡ぎ女などの職種別の名前や、ミレトス女、クニドス女、キオス女などの出身地別の名称がつけられ、また、捕われ女といった名前もある。これはおそらく、奴隷が捕虜、人さらい、売買によって他国から連れて来られた者であることを示すものであろう。

ミケーネの繁栄をしのばせる獅子門跡

土地所有の形態では、王およびその周囲にいた人民指揮者とよばれる指導者層は切取地（テメノス）を所有している。切取地とは、のちのホメーロスから知られるように、共同体が土地を共同体成員に分割するにあたって、あらかじめよりよい比較的大きな土地を「切り取った」ものであろう。これらの次に大きな土地所有者は、テレタとよばれる人びとであるが、かれらの王国内の地位、役割はわかっていない。このほか、エクェタとよばれる王の従者あるいは仲間が王の周囲にあり、かれらの奴隷が土地を所有している。これらの従者は、おそらく王の使者の役目を果たし、海岸守備隊に一名ずつ配備されていたらしい。以上の諸階層は、本来は王の所属した共同体内の身分であったと考えられ、王はその共同体内でおそらく族長のようなものであったものが、他の村落にたいする支配がすすむにつれてしだいにその地位が高まりかつ固定化したものであったと考えられる。

王は、自己の共同体の上に立ちつつ、かれが貢納制的に支配する他の村落（従属小共同体）にたいしては、貢納義務を強制するための機構、すなわち一種の官僚制をもっていた。ピュロス王国のばあい、貢納を課せられた小共同体はすくなくとも一六あったが、それらには、コレテとポロコレテとよばれる役人が配置されていた。前者はおそらく村長、後者はおそらくその補佐役かと推定され、いずれも王によって任命されたものであろうと考えられている。ある村落には、村長の公有地といわれる土地があり、あるいは、従属した小共同体に王または王の共同体の所有地が侵蝕していたことを示すものかもしれない。このほか、解釈に意見のわかれているダモコロなど、ほかにも王によって任命された役人が存在したことはまちがいない。

いっぽう、貢納義務を課された小共同体の土地所有形態は、コトナ＝キティメナとコトナ＝ケケメナの二つにわかれている。前者はおそらく私有地であり、後者は分割された公有地、たぶん公有地からの借地である。後者には、牛飼い、豚飼い、蜂飼いなどが公有地から借りたらしい土地も含まれている。土地所有者層は、テレタなど王の共同体の土地所有者も含めてコトノオコという総称が与えられているが、かれらの多くはコトナ＝キティメナとコトナ＝ケケメナとの両方の土地所有形態を併せもっている。

ミケーネ社会の世界史的位置

かつては、ミケーネ社会は、ほとんどまったくホメーロスの詩篇からの逆推と、考古学的遺物とから復元されるにとどまっていたが、線文字Bで書かれた文書が解読されるようになって、右のようなミケーネ時代の王国の構造のあらましが明らかになると、これまでの認識の誤りがはっきりしてきた。では、このミケーネの社会は世界史的にどのような位置にあるとみられるべきであろうか。つまり、古代オリエントの社会と、ホメーロスから開示される社会と、どのようにつながるのであろうか。

そこには王があり、支配下の諸共同体に貢納を課し、この貢納制支配を貫徹するためにある程度の役人組織をもっている。その点でオリエント専制国家の君主と類似した支配の型を示している。しかしながら、貢納のなかには、定期的な穀物貢納の記録が発見されておらず、また貢納制支配を貫徹するための役人組織も、官僚制というほどの規模をもたず、わずかにその萌芽というべきものにとどまっていた。

メソポタミアとエジプトでは、紀元前三千年紀と二千年紀の前半を通じて、相互に独立にそれぞれ都市国家段階をへて統一国家に発展し、諸共同体を貢納制的に支配する専制王権が確立された。これらの地方は、ティグリス、ユーフラテスならびにナイルという大河流域の農業社会であり、大規模な灌漑網として運河をつくったり修復したりするための大規模な集団労働が組織されることなしには、農業生産の発展は不可能であった。王はそのような集団労働の組織者として専制権力を樹立したものであり、農業に必要な暦の知識の独占者として権威をもった祭司層を味方にして諸共同体の成員を精神的にも支配した。こうしてオリエントの専制君主は、神の代理者あるいは神そのものとなり、全国土、全人民の所有者として、奴隷制と貢納制、賦役制による支配をうちたてたのであった。

これと比べたとき、ミケーネの王権の発達ははるかに低く、支配の規模も小さい。定期的な穀物貢納の記録が発見されていないことを、おそらくそれが存しなかったものと解してさしつかえないとすれば、そのことは、諸小共同体の農地にたいする王の支配が未だ低い段階にあったことを示すものと思われる。いわんや全国土王有の実態を示す徴候はみいだされない。それは、オリエントの王が灌漑設備のための集団組織者として不可欠の生産的機能をもっているのにたいして、天水農業として各共同体の生産の独立性がより強かったミケーネにおける王の農業における生産的機能の低さとも関係するものであろう。しかしミケーネの王は、むしろ牧畜と結びつき、王は王国周辺部の山地斜面における牧畜の防衛者としての機能をもっていたとみるべきかもしれない。

このように各共同体の生産の独立性、経済的自立度がオリエントと比べて高いことは、各共同体の土地所有の形態にもあらわれている。ミケーネでは、コトナ＝キティメナにみるように、オリエントと比べて私的所有の原理がはるかにすすんでいるように思われる。そして、コトナ＝ケケメナにみられるように公有地を蚕食《さんしょく》しつつある。オリエントと同じように、共同体による土地占取、土地の集団的所有として出発したはずのミケーネの諸共同体は、生産力の進展に伴う共同体成員の経済的独立度の上昇によって、しだいに私的所有の原理がはいりこみ、それが拡大をはじめていたそういう段階であったとみられるであろう。それと反比例して、王権の諸小共同体にたいする支配の貫徹度は弱かったわけであり、王国の規模の小ささ、多数の王国が併存するというミケーネ世界の特徴は、このような実態に対応する現象であったとみられるであろう。

いっぽう、このようなミケーネの社会をホメーロスにみられるそれと比べたらどうなるであろうか。ホメーロスについてはあとでやや詳しくふれるから、ここでは要点だけを指摘しておくと、社会的分業の進展度は両者基本的には同一であるが、王の端緒的な官僚制を伴う貢納制的支配はホメーロスにはみられないものであり、一般に王の権力はミケーネの方がはるかに強大である。王室奴隷制の発達も、ミケーネの方がすすんでいるとみられる。こうした王権の弱さは土地所有形態と関連する。ホメーロスの一般的土地所有形態は、のちのポリスと同じクレーロス（くじ引き地）の所有であり、ミケーネと比べて私有の原理はいっそうすすみ、共同体成員の経済的自立度はそれだけ高く、王権にたいする共同体の制約もそれだけ大きいわけである。

2　古典ギリシアへの道

東地中海世界の崩壊

ミケーネ的小王国の分立するエーゲ文明の地域をその一角に含みこんだ東地中海世界は、紀元前二千年紀の後半に構造変化をうけて崩壊することになる。その構造変化の原因は、紀元前一二〇〇年ごろ、バルカン半島北部に住んでいたイリリア人が東方に移動し、それによってひきおこされたトラキア人の東方進出、ギリシア人の一派ドーリス人の南下、さらには「海の民」の活動であった。海の民とよばれているものの実態は明らかではないが、右のような諸種族の大移動の中で、さまざまな種族出身の冒険者、無法者の群れが集まって形成されたものと思われ、小アジア、ヒッタイト、シリア、クレタの各地を荒らし廻って破壊と掠奪行為を重ねたものである。

これらの諸種族の移動と激動の中で、エジプトの海外支配は崩壊し、ヒッタイト帝国は滅亡し、そしてトロヤは焼かれて落城した。その中でエーゲ文明も崩壊したのである。ピュロスの王宮もこのころに焼け落ちた。線文字Bで書かれた粘土板文書が今日まで残存しえたのはこのときの火事のおかげで、焼きがはいったため三千有余年の年月に耐えられたのであった。エーゲ文明を作っていたミケーネ的社会のギリシア人たちの一部は、海を渡って小アジアに移動した。ギリシア本土においても、東地中海世界の中で国際的な性格の濃い諸王国は消滅して、いっそう小さい地方的共同体に分裂した。線文字の使用もみられなくなった。こうしてギリシアは、いわゆる暗黒時代にはいるのである。

いっぽう、ヒッタイト帝国の滅亡と、シリア、パレスティナにおける外国支配の消滅は、この地方の住民にも大きな変化をもたらし、その中からフェニキア人、イスラエル人の自主的な活動が展開してくる。フェニキア人は大国支配から自由になった地中海を股にかけて商業活動に専心し、その中でアルファベットを発明した。イスラエル人は、多神教の世界の中に厳しい一神教を確立し、独自の王国形成に向かう。こうして、東地中海世界の崩壊のなかから、ギリシア人、フェニキア人、イスラエル人がそれぞれ独自の方向への歩みを始め、東地中海世界は克服されて新たな歴史的世界の形成に向かうのである。

他方、メソポタミアとエジプトにおいては、生産の基本的条件は変らず、王権と社会のあり方は旧来とほとんど変ることなく続いた。その中からメソポタミアに台頭したセム族のアッシリア王国は、ティグラト＝ピレセル三世（在位前七四六〜前七二七）の時代に四隣を征服し、紀元前七世紀前半にはエジプトにまで攻め入り、約一世紀間オリエント世界を統一する最初の大帝国をうちたてた。アッシリアはヒッタイトから鉄製武器の製法をうけつぎ、その支配は圧制的で残酷であったと伝えられている。このため服属民の反抗があいつぎ、前七世紀後半に東方から興《おこ》ったメディアによって倒され、そのあとには、メディア、新バビロニア、リュディア、エジプトのいわゆる四国併立時代が到来する。このリュディアにおいてはじめて貨幣が使用された。やがて、メディア王国の支配下にあったインド＝ヨーロッパ語族のイラン人は、キュロス王（在位前五五九～前五三〇）のもとにパールス地方にアケメネス朝ペルシア王国を興し、しだいに領土を拡大し、ダリウス一世（在位前五二一～前四八六）の時代に、東はインダス川から西はエーゲ海北岸、南はエジプトまでを支配し、アッシリアをしのぐオリエントの統一大帝国を作り上げた。ペルシアは、巨大な中央集権的官僚制を整え、フェニキア人の貿易を保護し、服属民の伝統を比較的よく重んじたので、その支配は安定していた。イラン人の民族的宗教のなかから、世界万象を善悪二神のたたかいとみる二元論的なゾロアスター教が生まれた。このペルシアによって、紀元前六世紀の中葉に小アジアのギリシア諸都市も征服されるようになるのであるが、そこにふれる前に、東地中海世界崩壊後のギリシア人の足跡を語らなければならない。

暗黒時代

ギリシア人は、東地中海世界の崩壊につづく暗黒時代の混乱と激動の間に、アルファベットを採用し、鉄器を導入し、製陶技術を発展させて、ギリシア人独自の社会を形成する準備をすすめていたと思われる。ホメーロスの英雄叙事詩は、そのテーマとする時代はミケーネ時代末期であるが、それにつづく暗黒時代の文物や制度をも反映し、独自の文学的世界を形成している。

ホメーロスの叙事詩の、文字で書き記され固定化された時代ではなく、ほぼこんにちに近い形にまとまった時代がいつのころであったかの問題は、「ホメーロス問題」といわれる複雑な専門的な問題圏を形作っているが、いまかりにそれを、紀元前八世紀あるいはそれよりあまり遅れない時期のことであったと考えるならば、それがテーマとし対象とする時代と四百年ほどの距りがあるわけである。その間それは、吟遊詩人によって伝承され、貴族の館や一般民衆の参加する祭典において歌いつがれ、語りつがれたのである。聞き手の貴族層や民衆は、吟遊詩人の巧拙や演出を自由な立場で批判しうる人たちであり、これが歌謡の増補、削除、修正、結合というような発展に大きく作用したものと思われる。この過程で、四百年のあいだの社会的・制度的変化が知らずしてミケーネ的英雄の社会にもちこまれたのであろう。ホメーロスにみられる社会の構造を、線文字B文書から知られたミケーネ社会の構造と比較することによって、暗黒時代におけるギリシア人社会の発展の基本的諸特徴を知ることができるのはそのためである。では、ホメーロス的社会はどのような基本的特質をもっているであろうか。

ホメーロス的社会

まず、生産の基本的形態が牧畜と農業であることはミケーネ社会と同一であり、その栽培・飼畜種もほとんど変りはない。手工業の分業度も大差なく、陶工・冶金師、金・銀細工人、大工、船大工などの職人が現われるが、それらが医者、吟遊詩人、使者なども含めて、「デーミウルゴイ」すなわち民衆または共同体のために働く人、と総称されていることは、ミケーネ時代の王に代って共同体が前面に出て来たものとして注目される。これらの生産にかんしては、さらに、耕牛による犂耕《りこう》が広く行なわれるにいたっていること、二圃《にほ》制度が実施されていることが新しい要素として現われるが、この点は、その性格上線文字B文書に現われなかっただけのこととしてミケーネ社会に想定してもよいかもしれない。しかしながら、矢じりや兵車《へいしゃ》の車軸などの武器だけでなく、斧や鎌など生産用具にも鉄が用いられるにいたっていることは、注目すべき進歩として特筆することができよう。

つぎに商業交易については、貨幣が未だ存しないことは変りはないが、ミケーネ時代にはかなり行なわれていた外国貿易もすっかり後退し、フェニキア人の商業は軽蔑すらされ、欲しいものは商業交換によってではなく略奪することをもって名誉と考えられた。しかし王たちの贈物の交換はしばしばみられる。

奴隷制の発達もかなりなものとみられるが、それは主として王宮に集中し、しかも女奴隷が主であって、粉ひき、紡ぎ、織り、などの仕事や育児などの家事に働いている。奴隷の出《しゅつ》自《じ》はフェニキア商人からの購入奴隷、捕虜奴隷などであって、その点ミケーネの王宮奴隷と同じである。しかしその規模はひとつの王宮に数十人といった程度であり、ミケーネよりずっと少なく、農業の奴隷制の発達もほとんどみられない。

王のあり方もきわめて特徴的である。王は自ら生産の現場に立ち会うような王であり、麦の刈り取りを監督し、自ら牛耕や草刈りの早いことを自慢する。しかし王の王たるゆえんは、他に抜きんでたテメノス（切取地）を所有し、それを奴隷や日傭《ひようと》取りに耕やさせ、また多くの家畜をもっていてそれを奴隷の管理に委《ゆだ》ねていた。王は支配下の村落を他人に勝手に贈与できるような権力をもち、貢納や献上品を受けとっているが、貢納を定期的に強制するための官僚制ないしは役人組織をもっていない。王はけっして専制的ではないのである。王は恣意的な支配を、名門出の長老から成る評議会と自由人総会という二つの共同体機関によって制約されていた。王は自由人総会によってときに批判にさらされ、それに対して智恵と雄弁によって自らを弁護し、公正な裁判と戦いにおける強さによって王たることの正当性を証明しなければならなかった。王と共同体はこのような仕方で一体をなすものであり、共同体は王に従属してはいない。ホメーロスの王の権力はミケーネ王国の王のそれよりいっそう弱小であり、むしろ族長に近い、質的に異ったものであった。

このような王権の性格は、ホメーロスにおける共同体の土地所有形態と密接な関係のあるものであった。共同体成員すなわち自由人は、完全な私有地としてのクレーロス（くじ引き地）所有者として経済的に自立している。コトナ＝ケケメナのような中間的、過渡的な所有形態は消滅し、公有地は私有地から別に存し、蚕食されず共有地としてあり、クレーロス所有者はクレーロス所有だけで経済的に完結し自立する。このような共同体成員の経済的自立が王にたいする共同体規制の強さとなってあらわれるのである。このような共同体成員の独立性によってホメーロスの共同体は、自由な共同体成員間の自由な原始的平等の息吹きをまだ感じさせるものであり、王もそのような個性ある一個の独立の人格として、共同体の中で、あるいは共同体に対して、自己を主張しなければならない、そういう関係にあるのである。

生産における鉄器の使用は、共同体成員の経済的自立を高め、クレーロス所有を中核とする土地所有形態を普及させ、それが条件となって王の族長的性格が規定されたものであろう。これが、ミケーネ社会からホメーロス的社会を隔て、前進させている基本的要因であった。

古典ギリシアへの道

このようなホメーロス的社会を、東地中海世界の崩壊につづく四百年の暗黒時代における発展としてその中でとらえなおしてみると、およそ次のようになるであろう。ヒッタイト帝国の崩壊によってヒッタイトの鉄製武器の独占が崩れ、鉄器の使用はこれまで青銅器時代にあったギリシア人の世界に導入されただけでなく、鉄は生産用具として広く使われるようになった。そのことは当然、ギリシア人一般の農業生産力を高め、農民個々人の労働生産性を高めたはずである。しかもそれと併行して、ミケーネ的貢納王制は、ドーリス族の南下にともなうギリシア世界の動乱の中で崩壊していた。貢納王制の崩壊は、農民の余剰生産物の収奪を大幅に減少させ、鉄器使用による農民個々人の労働生産性の向上とあいまって、農民の余剰生産物の増大をいちじるしいものにしたとみなければならない。このことは、農民すなわち、共同体成員の共同体からの相対的独立を強めざるをえない。

この方向は、生産の自然的条件によって促進される。さきにもふれたように、オリエントの灌漑農業地域にあっては集団労働の組織者としての専制君主の生産的機能が不可欠であったが、天水農業地域であるギリシアにあっては、家族単位の個別労働の集約性にのみ生産を高める鍵があった。毎日毎日の個別的生産労働のくり返し、畝《うね》の深さに注意し、剪定《せんてい》を巧みに行ない、水の配慮に注意することといった地味な労働のみが、農業の生産性を高める不可欠の手段であった。その上で、私有地をふやせばいっそうよかった。

これらの諸条件はあいまって、農民すなわち共同体成員個々人の経済的自立を強める。共同体個々人の経済的自立の強化は、共同体成員の共同体規制からの相対的独立を強める。共同体成員はクレーロス（私有地）所有者として経済的に自立するとともに、自主独立の個性ある人格として形成される。共同体の土地所有形態は、共同体成員の共有にかかる公有地（共同体所有）と、共同体成員のクレーロス所有（私的所有）との統一としての新たな段階の形態に向かう。王などのテメノス所有も、クレーロス所有者と同じ経済的条件にさらされ、同じ発展の波の中にもまれてゆく。

四百年の暗黒時代に進行したギリシア人社会の基本的な発展方向は、およそ以上のようなものであったであろう。貢納王制から解放された旧来の諸小共同体も、新たに南下定住したドーリス人の諸共同体も、同じ条件の作用をうけて、基本的には同じ発展をたどってゆく。暗黒時代の暗闇がしだいにはれ、ギリシア世界の黎明《れいめい》が訪れたとき、以上のような発展のかなり進んだ社会がその姿を現わしてくる。それが古典ギリシアであり、ポリスの世界である。

第三章　ギリシア＝ポリスの成立

1　ポリスの発生

ポリスとは何か

古典ギリシアの歴史は、ポリスの歴史である。古典ギリシアの文化は、ポリスの文化である。それでは、ポリスとは何なのか。

ポリスというギリシア語は、語源的にみれば、こんにちの学術用語としてのポリスよりも、はるかに広い漠たる意味をもっている。それは一般的に「要砦」を意味し、『イリアス』ではトロヤの王城を意味し、王城周辺の下町も含めて表わした。ヘロドトスはエジプトやアジアの都市をさえもポリスとよんでいるのであって、ことばとしてはとくにギリシアのものをかぎって指したわけではなく、まして、内部的な組織編成の質に着目して用いられたことばではない。

ポリスということばを、ギリシア人の国家にのみ限定して用い、とくにその内部的な組織編成の質とかかわらせてギリシア人のポリスをギリシア固有のものとしてとらえた最初は、アリストテレスの『政治学』であった。今日の学術用語においても、このアリストテレス以来の伝統にしたがって、ポリスをギリシア人固有のものとして把えるのであるが、それはどのような概念内容をもつものであろうか。一五〇〇ほどもあったといわれるギリシアのポリスに、ひとつの概念規定を与えることはどだい無理な話である。しかしながら、ギリシア史発展の基本方向を見定める手段として、無理を承知で一つの概念的抽象像を作ってみることは、さけるわけにはゆかないのである。つぎにのべるのはそのような試みの一つである。

ポリスとは、その構成員内部に支配と隷属の階級関係のない、比較的平等の相互関係で結ばれた共同体であり、その共同体が一つの小独立国家をなしているものである。この比較的平等の相互関係の基礎は、構成員の比較的均分の私的土地所有（クレーロス所有）である。比較的均分ということは、土地所有の大小はあるが、それが階級的支配の基礎にはなっていないほどだ、ということである。共同体そのものはその物質的基礎として共同体所有（公有地）をもち、共同体成員による比較的平等の利用にゆだねられる。成員の比較的平等の相互関係は、このような公有地の比較的平等の利用にもあらわれる。共同体所有と私的所有（クレーロス）は相互に緊張関係を保ちつつ並存、両立する。共同体と共同体成員との関係も、同じような緊張関係としてとらえられる。このような物質的基礎をもった成員の比較的平等の相互関係は、政治形態にあらわれ、共同体内の富裕者層に重心のかかる貴族（共和）政から、富の大小をまったく無視した極端な民主政にいたる、さまざまな形態と程度をもった広義の民主政が展開する。この民主政は、小共同体国家にふさわしく、代議制間接民主政ではなく、直接民主政の形をとる。共同体成員は、全成員参加の民会においてつくられた法律によって、政治をすすめ、裁判をうけるというのが、この共同体運営のたてまえである。

ポリスは多くのばあい都市的定住形態をとり、城壁をめぐらすが、スパルタのような重要なポリスでもそれらを欠く例があるので、都市的定住形態や城壁は、ポリス概念の本質的内容をなすものとはいえない。

はじめてポリスを理論的考察の対象にしたアリストテレスの『政治学』によれば、ポリスは複数の村落（コーメー）から成り、村落は複数の家（オイコス）を構成単位とする。この家は、家父長制単婚家族であり、夫であり父である家長の下に、妻、子、奴隷が含まれている。ポリスの基底をなす家においては、女性の地位が、ホメーロスにみられるよりも低下していることが注意される。

ポリスはだれがつくったか

このようなポリスは、どのようにして生まれてきたのであろうか。アリストテレスによれば、ポリスは、複数の村落（コーメー）が合併して生まれたという。この合併は、アテナイについての伝承がいうように、中心市に移り住むこと、ギリシア人のいうシュノイキスモス

（集住）という一回的行為によってなされたと伝えられるが、多くのばあいそれは、かなり長期の発展であっただろうし、また現実の大規模な「移り住み」を伴わない政治的統合であるばあいもあった。このような政治的統合、さらには集住によるポリスの成立が最も早く行なわれたのは、暗黒時代のあいだにギリシア人が移住していったイオニアの地であったと推定されている。移住地で異民族に囲まれるという生活環境は、このような政治的統合を促したものと思われる。ギリシア本土でもあとから南下して征服国家をたてたスパルタなどのドーリス人の場合も、征服者の共同体を守り強化する必要が同じように働いたであろう。一般的にいって、暗黒時代の混乱の中で生き残るために、それは必要な発展であったといってよい。しかしながら、この発展を可能ならしめた前提は、暗黒時代におけるギリシア人社会の経済的基盤の変化、それに伴う共同体の発展である。

哀悼のアテナ

ミケーネ的貢納王権の崩壊は、一方では、すでにのべたように、鉄器使用の効果とあいまって、農民個々人の労働生産性と余剰生産物とをいちじるしく増大させたが、他方では、ミケーネ的貢納王権と結びついていた牧畜の後退、その反面での、農業および土地所有の重要性の増大を結果したはずである。こうした状況の下では、ミケーネ的王権崩壊後の小共同体（村落）の族長ないしは小王が、かけはなれた経済力をたくわえ他の共同体成員にたいする支配をうちたてうるような一般的条件はなかった。これらの一般的条件は、それを活用できた人たちだれでもの台頭をもたらした。それらの台頭してきた有力者が、村落共同体の貴族層を形づくった。かつての族長ないしは小王が存続していたばあいでも、社会層としてはこれら貴族層の中に包みこまれていった。王権は衰退し、多くのばあい消滅した。アテネの貴族が、中心市北側に広がる肥沃な「平地」を所有したように、貴族は有利な条件の土地を所有して、その経済的基盤とした。

ポリスの成立、いわゆる集住は、これらの諸村落共同体の貴族層の主導下になしとげられたものであり、直接的にはこれら貴族層の政治的統合であり、かれらの主導下に行なわれた新たな共同体結成であった。スパルタのような征服国家では経過はこれと異なったが、中心市に住むスパルタ人全体が肥沃なエウロタス河谷を所有して貴族の地位を占めたものであり、その意味で基本的構造は変らない。

ポリスは何のために作られたか

では、貴族層は何のためにポリスという新しい共同体の結成にふみ切ったのであろうか。そこには、防衛的・軍事的関心と、経済的関心との二つが働いたものと考えられる。

ミケーネ時代の戦争は、ホメーロスから明らかなように、王城をめぐる攻防戦であった。これにたいして、社会の基礎が農業におかれ、農地が経済的価値の源泉となったこの新たな段階では、戦争は肥沃な農地をめぐる攻防戦とならざるをえない。ギリシアの農地は多くのばあい、周囲を山でかこまれたさして広くない平地であった。こうした農地を守るために、この地形にふさわしいものとしてあみだされた武装と戦術が、重装歩兵の密集方陣であった。

安藤弘氏の研究によれば、紀元前八世紀後半から約一世紀間が初期重装歩兵制の時代である。戦士たちは総青銅製の兜、胸甲、脛《すね》当てを着け、直径一メートルぐらいの木製・青銅張りの円形の重い盾を左手にかまえ、太くて長い鉄製の突槍をたずさえた。このほか、細身の投槍と長剣も初期には持っていた。戦士たちは騎馬で戦場につくや馬を従者にわたし、徒歩で方陣を作り、盾を並べた青銅の壁で身を守りつつ突槍をかまえて敵陣と激突した。この戦術による戦闘で勝者となるための鍵は、戦士同志の団結であった。高価な多種類の武具を購入できる社会層の団結であった。その社会層が貴族だったのである。諸共同体の貴族層の団結の必要が、新共同体結成の最も重要な理由の一つであったであろう。マックス＝ウェーバーがかつていったように、ポリスの形成は、戦士共同体の結成、戦士ツンフトの創出であった。

ところで、このような防衛上、軍事上の必要の充足は、そのための経済的条件の確保によってはじめて可能となった。というのは、各種各様の武具製作とその進歩は、分業と交換経済の進展を前提するものであった。のちにポリスの衰退期に、ポリスを理論的に究明しようとしたプラトンは、最小限のポリスは農民と大工、織物屋など四、五名から成るもの、と考えている。このことは、ポリスは一定限度の分業の進展を前提するもの、という含意をもっている。このような分業の進展を前提し、分業の成果を入手するためには、交換経済が発達しなければならず、交換の場が恒常化されなければならない。ポリスが、そのような恒常的な交換の場、すなわち市場を提供するものであったことは明らかである。このことから、ポリスの形成は市場を確保するためだった、と推定することも一面の真理をいい当てているであろう。この推定から、ポリスの形成は市場の設置により貴族が商業利潤にあずかるためだった、とするマックス゠ウェーバーの論定までは、ほんの一歩である。目的であったか結果であったかは別として、貴族層はポリスの形成によって分業の成果にあずかり、自らも商業、貿易に関与していっそうの富を蓄積し、王権を廃して自己の政治指導を確立する方向をおしすすめることができたことはたしかである。

スパルタのような征服にもとづく国家にあっては、このような分業と交換経済は、自由な市場で展開されたのではなかった。スパルタのばあい、スパルタ人が軍事を、ヘイロータイ、ペリオイコイが農業、手工業を、という分業は、征服者の強制によって維持されたのであった。

2　貴族政ポリスと重装歩兵ポリス

貴族政ポリス――植民

このようにポリスは貴族政ポリスとして成立した。そこでは、共同体成員の平等の関係は民会によって具現されていたが、貴族が官職を独占して政治の実権を握り、裁判権をも掌握した。これにたいして一般市民＝農民は、ヘシオドスの『仕事と暦日』が歌っているように、所有の規模でこそ貴族に劣ったが、一般に二、三の奴隷と役畜を用いて農耕に従事するクレーロス所有農民であり、かれらもときに余剰生産物の交易を行なった。さきにのべたようなクレーロス所有農民家族の経済的自立は、奴隷制の家族内への浸透を可能ならしめていたのである。貴族はこれら平民と、一般に通婚しないなど、身分的差別を強め、自己を「よき人びと」（アガトイ）として、「悪しき人びと」（カコイ）である平民に優越した地位を誇った。しかし経済的実体において、一般に両者の差はかけ離れたものではなく、一般農民も、最も重要な共同労働としての戦争に軽装歩兵や輸送兵として動員される立場にあり、両者の関係は階級関係ではなかった。

しかしながら、もともと経済的優位に立つ貴族の政権下に出発したポリスであったから、クレーロス所有の一般農民の生活は苦しく、戦争や凶作の打撃や、クレーロス分割相続制の影響をうけて貧困化し、クレーロスを貴族に渡さざるをえなくなる者がしだいにふえた。貴族の政権は、公有地を没落農民の救済に用いることをしなかったため、農民の借財はふえ、債務奴隷となる危険にさらされた。こうしたポリス共同体内部の分解現象にくわえて、貴族間の党争もくり返され、そのつど、敗れた貴族の不満はたまってゆきポリス内の不安要素となった。こうした共同体内の分解と社会的不安を矯正するためにとられた最初の方法は、植民であった。

そのころ、新性能の船が開発され、地中海全般にかんする地理的知識が拡大したことに助けられて、紀元前七五〇〜前五五〇年、ギリシア人の一大植民活動が展開されることになった。多くの貴族政ポリスの不平貴族と没落農民は、新天地を求めて故郷を捨てたのである。植民者は新天地で植民市を建設し、没落農民はクレーロスを獲得し、不平貴族は植民市の政権を握った。植民市はのちのローマの植民市と異なり、母市から政治的に独立した新ポリスとなった。こうして、植民活動は地中海世界へのギリシア＝ポリスの拡散と増加となった。

この植民活動によって、遠くはスペイン、フランスの南岸、イタリア南部、シチリアの東・南部、オトラント海峡東岸から、エーゲ海北岸、ダーダネルス海峡、マルモラ海、黒海沿岸、リビア北岸に及ぶ地方がギリシア人のポリスによっておおわれることになった。とくに多くの重要な植民市を建設したのは、カルキス、コリントス、ミレトス、メガラなどで、マッサリアのようにもともと植民市であるものがさらに植民市を送り出すこともあった。

貴族政ポリスの動揺

このように植民活動はもともと貴族政の延命策であったが、そこから生み出される結果はその目的を裏切るものとなってゆく。というのは、まず、地中海地方全般にわたったポリスの拡散と増加は商業交易をさかんにした。紀元前六五〇～前六三〇年ごろイオニアのギリシア人がリュディアから継受した貨幣鋳造はまもなくギリシア本土にも広まり、これが商品流通を容易にするとともに、貨幣という新たな富の形態を生み出すことになった。商業の活発化は手工業生産を刺激し、それが奴隷への需要を高め、商人の手による奴隷売買をさかんにした。この発展の結果は、ポリス内部に富裕な商工業者層が生まれた、ということである。「金こそ人」と当時うたわれた風潮がそこに生まれた。と同時に、この貨幣・流通経済の展開の中で敗れ没落する農民がふえるのも必然であった。

いっぽう貴族層は、「金こそ人」の風潮をにがにがしく思いながら、もともとかけ離れた大土地所有者ではなかったから、その勢威は相対的に下らざるをえない。また、貴族の「騎馬の重装歩兵」がポリスの軍事力を担っていた状況においては、戦死、戦傷による損失は貴族に最も多く、この要因も全体としての貴族の力を弱めた。さしあたってポリスの防衛のために、貴族は、経済力をつけてきた商工業者、中流以上の農民に、武装と出陣を要請せざるをえなかったはずである。ポリスにおいては武装は自弁が原則であったから、手工業の進歩に伴い武具価格が下がったといっても、中流農民や経済力をつけてきた手工業者でなければ武装、出陣は不可能であった。安藤弘氏の研究によれば、紀元前七世紀後半ごろから騎馬の重装歩兵と並んで徒歩の重装歩兵が現われ始め、しだいに前者を駆逐してゆくが、そうした軍事史的な変化は、まさしく、今のべたような貴族政ポリス内部の変動に見合うものであったであろう。

貴族の経済的・社会的実力の下降。しかしかれらによる政権と特権の独占。平民の中から、商工業者など富裕者層の上昇。かれらによる軍事負担の引きうけ。しかし他面では土地を失った没落農民の増加。こうした状態が、紀元前七世紀後半以後、多くのポリスで現われてきた危機であった。この危機の中で、とくに困窮に陥った没落農民層は、負債の帳消しとクレーロスの再分配を要求して立ち上り始める。こうしたポリス内部の分解と矛盾を収拾するために、前七世紀後半にテュランノス（僭主《せんしゅ》）と呼ばれる改革者が各ポリスに現われる。僭主の出現の前後における社会的情勢と国制の変化がもっともよく知られているのはアテネである。アリストテレスが記したと伝えられる『アテネ人の国制』という書物が十九世紀末にパピルスの中に発見されて発表され、これによってアテネの国制の一貫した発展が初めて知られるようになったからである。ただ今日ではこの書の著者はアリストテレスの弟子の一人だろうという説が有力である。

アテネでは僭主政が樹立される前に、前六三二年ごろのキュロンの反乱、前六二一年の立法者ドラコンの立法、前五九四年のソロンの改革、といった三つの段階を経なければならなかった。キュロンの反乱は、貴族出身のキュロンが妻の父、隣国メガラの僭主テアゲネスの助力でアテネに僭主政をたてようとしたが、一般農民の反対で失敗した事件で、このときはまだ農民は貴族政を倒そうとは思っていなかったわけである。ドラコンの立法で今日わかっているのは刑法にかんするもので、これまで私的復讐にゆだねられていた殺人に公権力が介入することを定めているが、おそらくその全体の意味は慣習法の成文化によって貴族によって独占された裁判の公正を期したものであったろう。

重装歩兵ポリス

この間にも共同体の分解は進み、貴族は公有地を蚕食して私有化して土地所有をふやし、他方農民の没落と債務奴隷化は増大した。折りしもメガラとの敵対関係と戦争状態が続いており、徒歩の重装歩兵として出陣する中流以上の農民の国防的役割からいって、農民の没落は貴族にとっても放置できないものとなっていた。ソロンが貴族と平民との双方の同意のもとに調停者に選ばれ、国制の改革を行ないえたのは、こうした事情からであった。

ソロンの改革は三つの意味から成っている。第一は、共同体の分解をとどめ、さらにはそれを復旧しようとするもの。第二は、共同体における市民としての権利義務を身分（貴族）にではなく、土地所有の多寡にリンクさせる財産政（ティモクラティア）を確立させるもの。第三は、それに見合うように国制を改革しようとするもの。

第一に含められるものは、まず身体を抵当とする借財の禁止で、これによって以後アテネでは債務奴隷の発生源は閉じられ、共同体の奴隷制への分解はとめられることになる。つぎに、「重荷おろし」と呼ばれたところのいっさいの公私の債務の帳消しで、これにより土地に立てられていた抵当標石はすべて抜き去られ、農民の土地所有は再建された。このほか、細目は不明だが、おそらく公有地の利用に制限を付することによって貴族層内部の分解をとめようとした措置も伝えられている。

第二は、それ自体は以前からあったところの市民の四階層、すなわち、五百メディムノス級（メディムノスは穀物容量単位で、おそらく五箇の穀物倉庫をもつ者の意味）、騎士級、農民級、労働者級、のそれぞれの権利義務を定めたものであった。すなわち、アルコンと財務官には第一、第二級のみがなることができ、第三級はその他の官職につくことができ、労働者級はなんの役職にもつけないこと、第一、第二級は騎馬の重装歩兵、第三級は徒歩の重装歩兵として出陣すること、第四級は軽装兵または軍船漕者となること、これらの点がそれぞれの権利義務であった。かつて、マックス＝ウェーバーはポリスの発展を三つの類型にわけ、貴族政ポリス、重装歩兵ポリス、民主政市民ポリスと名づけたが、今やアテネは重装歩兵ポリスの類型に大きく一歩接近するのである。

第三についてはまず、アルコンの選任方法の改正が注目される。これまでは任期一年の九

重装歩兵を描いた陶板。アクロポリス出土

人のアルコンは、「門地と富」にすぐれた人たち、すなわち実質的には貴族の中から、アルコン経歴者の終身会員より成る貴族の牙城「アレイオスパゴスの会議」が決定したが、ソロンは四部族（フュレー）それぞれから一〇人ずつ予選させ、合計四〇人のなかから抽籤《ちゅうせん》で九人を選出することにした。これは一見民主化のようであったが、アルコン就任資格は第一、二級に限られていたうえ、予選母体が貴族的・保守的色彩のつよい部族であったから実際は大きな変更を結果するものではなかった。けっきょくソロンの改革は、重装歩兵農民の没落を防ぎ、貴族がある程度の表面的な譲歩によって、重装歩兵農民と一種の和解と同盟を結び、ポリスの分裂をさけてポリスの独立を守ろうとしたものであった。ソロンはこのほか、各部族より一〇〇人、全部で四〇〇人の評議会を作ったと伝えられているが、この評議会がアレイオスパゴスの会議と並んでそれを制約する民主的原理を具現したものであったかどうかは、疑問とされている。

僭主政

ソロンの改革は、その妥協的・中間的性格のために貴族をも平民をも真に満足させることができず、数年にしてゆきづまった。国内政情の不安はつづき、対外関係においてもメガラにサラミス島の領有を奪われた。こうしたなかでサラミスの奪回に功をあげたペイシストラトスは一種のクーデターによって僭主となった（前五六一／〇年——五六一年後半から五六〇年前半までの一年間をさす記号。以下同じ）。僭主というのは、非合法で政権を握った者を指したが、前七世紀後半に初めて僭主となったシキュオンのオルタゴラス、ペイシストラトスとほぼ同時代のサモスの僭主ポリュクラテスなど、いずれも貴族出身でありながら、平民を自己の政権の基礎とした。ペイシストラトスは前五二八／七年に死ぬまで三回僭主となったが、第一回のときは山地党とよばれる下層の平民を基礎とし、第二回のときは、海岸党とよばれる中層以上の平民を基礎とした。そのことからわかるように、僭主の課題は、分解しつつあるポリス共同体の危機を救うことにあった。

ペイシストラトスが行なった事業のうち、この課題を果たすという意味をもつものは、サラミスをクレーロスに分割して土地を失った市民に分配して入植させたこと、亡命した反対派の貴族や死んだ貴族の土地を没収してすくなくともその一部を下層民に再分配したことなどで、これらは、中小農民を再創出することによって重装歩兵ポリスの分解を阻止、あるいは復元しようとする意味をもつものであった。

しかしながら、僭主の課題はこのように、共同体の一定限度以上の分解をとどめることにあり、そのために一方では貴族を抑えるものではあっても、平民の立場に立ったそれ以上のポリスの民主化をめざすものではなかった。したがって、共同体の現状をかえるようないっさいの試みを阻止せざるをえない。ここから僭主政の独裁的性格と、ときにあらわれる暴君的性格が生まれてくる。ペイシストラトスの場合にはすでに政権獲得のときからその性格は現われた。かれは自分で自分の身体に傷つけてアゴラ（市民生活の中心である広場）に現われ、民衆の味方であるために政敵におそわれてこのような目にあったのだとうったえ、五〇人の棍棒持ちと呼ばれる親衛隊をもつことを正当化し、この武力によって僭主となったのである。その後、親衛隊は多くの外人傭兵を含むことになった。他方では市民からの武器のとり上げ、つまり刀狩りを行なった。また市民から税をとりたてたが、古典古代の世界では税は支配のしるしであって、ポリス市民の平等の原理とはまっこうから対立するものであった。かれが田園の農民の中心市への移住を抑える政策をとったのも、一般農民の不満が中心市で爆発して共同体の変動をふたたび誘発することを恐れたからにちがいない。

このほか、僭主は一般に土木・建築事業をさかんに行なって中心市を美化したり、民衆の宗教を保護したり、ペイシストラトスはホメーロスの詩のテクストを確定したりしたが、僭主はこのように一般民衆のポリスでの生活に、満足感を与えねばならなかったのである。にもかかわらず、ポリス内の社会的変動を強権で抑えようとする僭主政は長続きするはずもなく、二、三の例外をのぞきいずれもおおむね短命に終った。しかし、実際に僭主政を打倒したのは国内の反対勢力ではなく、多くのばあい外国の力、とくにスパルタであった。スパルタは他のポリスと異った独特の国制をもち、それが僭主政打倒に働いたのであった。

3 スパルタの国制

スパルタの発展

スパルタの独自の国制は、スパルタがドーリス人による征服国家であったことに由来する独特の共同体構造、ならびにその後の発展によって規定された共同体構造の変化の面から正しく理解することができる。ドーリス人がラコニア地方の中心市スパルタに定住したのはおそらく紀元前十世紀以降のことであろうが、その後しだいに周囲の先住ギリシア人を征服してゆき、紀元前八世紀初めごろにはほぼこの地方を支配下においた。その支配のしかたは、服属した先住ギリシア人（ある説では同じドーリス人）をペリオイコイ（周囲に住む人びと）とし、最後まで頑強に抵抗して捕虜となった住民たちをヘイロータイとするものであった。ペリオイコイは自治的な村落生活を続け、農業、手工業などの生産に従事したが、スパルタ人に経済的隷属を強いられることなく、軍役義務を負ったが参政権のない独特の自由人であった。国家としてのスパルタは、中心市に住む征服者であるスパルタ人と、ペリオイコイとの双方を含んで「ラケダイモーン人」と呼ばれた。
ヘイロータイは身分的には奴隷と解さるべきものであるが家族生活を許され、スパルタ人が分割してもっていたクレーロスに、それぞれ二、三家族ずつ配され、そのクレーロスを耕作し、現物貢納を義務づけられた。スパルタ人はいっさい生産労働にたずさわることなく、この経済的収奪の上に立ってもっぱら軍事を担当する支配階級であった。

こうした支配のしかたは、スパルタ西隣のメッセニアとの間の二度にわたる戦争の結果によって大きな影響をうけることになった。紀元前八世紀後半の第一次戦争の勝利でスパルタは広大な耕地を獲得し、その耕地はクレーロスとしてスパルタ人に分配され、メッセニア人は自治を許されたがスパルタ人に奪われた耕地をそのまま耕作し、収穫物の半分を貢納させられた。

勝利はスパルタ人に耕地をもたらしたが、耕地のスパルタ人共同体内での分配のしかたで大混乱が生じたらしい。それは、すでにそれ以前にスパルタ人共同体内の分解がすすんでいたことの結果であり、その現われであった。紀元前七〇六年スパルタ史上ただ一回の植民が南イタリアのタラス（タレントゥム）に送り出されたのは、他のポリスの活発な植民と同様にポリス内の分解の危機に対応するためであった。

紀元前七世紀後半のメッセニア大反乱との戦争（第二次メッセニア戦争）で、スパルタが苦戦の末ようやく勝利した結果、スパルタはメッセニア全域の支配を確立し、メッセニア人の大部分を完全なヘイロータイ身分に落した。こうして、ヘイロータイはスパルタ全土の半分ないしは三分の二の人口でありながら、中心市スパルタに住むごく少数のスパルタ人に奴隷として支配されるという特異な状態が生まれたのである。この戦争中、スパルタ人共同体の分解はさらにふたたび進行したであろう。戦争中、土地再分配の要求がおこされているのはそれを示している。この要求は全メッセニアの征服とその土地のクレーロスとしての分配によって一応はおさまったであろうが、経済の発展に伴う共同体の分解運動は、さらに進まざるをえない。しかもスパルタは、膨大なヘイロータイを支配しなければならないほか、アルゴスなどの敵対的ポリスに備える必要があり、常に強大な重装歩兵軍を擁して臨戦態勢をとらなければならなかった。こうした必要にこたえるために、これまでの国制の土台の上に、史上名高いスパルタ的な国制とスパルタ的な生活様式が生まれたのである。それはおよそ次のようなものであった。

スパルタ的生活様式

まず、二つの王家から出るまったく同権の二王があるが、これは国家祭祀と軍指揮権をもつだけで、国制上はかれらはかれらを含む三〇人の長老会の一員にすぎない。長老会は六〇歳以上の徳性のすぐれた市民から選ばれる終身会員より成り、反国家的犯罪を裁く法廷をなすと同時に、民会への提出議案を討議決定することになっている。民会は二〇歳以上のスパルタ人男子より成る最高決議機関である。この民会で毎年選ばれる任期一年の五人のエフォロス（監督官）が国制上もっとも重要なスパルタ独特の機関である。かれらは二王はじめすべての役人の行動を監視し、民事訴訟を担当し、外交方針を決定し、民会や長老会の議事運営を掌握する。かれらは王をすら逮捕でき、市民のスパルタ的生活様式の監視者でもある。毎年就任と同時に、かれらはヘイロータイに対する宣戦布告を行なうが、これはスパルタ人とヘイロータイが常に戦争状態にあることを明示するものである。

このようなスパルタの国制にあって、二王、長老会、民会は、相互に対立ないしは利害の相違がないという前提にたった運営がなされ、あえていえば、エフォロスが民意の代表として強い権限をもったことが特徴であった。こうした国制はスパルタ的生活様式と表裏一体をなすものであった。スパルタ人の子供は七歳で家庭を離れて兵営に入り、三〇歳まで国家の手で厳格な教育と軍事訓練が行なわれた。その教育は、裸同然の粗衣粗食での肉体の訓練を中心とした。処女でも人の前で裸になってスポーツをすることを平気と思うように仕向けられ、丈夫な子供を生む準備をさせられた。とくに男子は、戦争での機敏さを養うために盗みを奨励され、また危険な隠密行動の訓練として、ヘイロータイを辻斬りにすることが命ぜられた。クリュプテイアとよばれたこの制度はヘイロータイを恐怖によって鎮圧しておくためでもあったが、このための毎年の宣戦布告であったわけである。三〇歳以前に結婚しても家庭をもつことは許されず、夫婦の生活が人目を盗んで行なわれたのも訓練の一つであった。

三〇歳をこえて兵営を出て家庭に戻っても、六〇歳までは出陣義務をもち、また市民たる者はかならず毎夕の「共同食事」に参加する義務があり、それを怠れば市民権を剝奪されたのである。スパルタ人はこのように一生のあいだ共同体の統制のもとに一律の生活をしたのであったから、民会であっても長老会であっても本質的な相違はあろうはずもなかったのである。

ポリス共同体としてのスパルタ

こうした国制と生活様式を、スパルタ人は、大昔にリュクルゴスという人物がデルフォイの神託としてうけた「レトラ」なる文章によって定められそれが数百年もうけつがれたものと信じていたが、実はメッセニア戦争のあいだにこのように明確な形をとってきたものと考えなければならない。この国制と生活様式は、ペリオイコイとくにヘイロータイにたいする支配者の立場にあるスパルタ人の市民共同体を戦士共同体として強化し、そのために共同体の分解を促すようないっさいの要因を除去しよう、という意味をもつものであった。スパルタ市民は「平等者」と呼び合ったが、それはまさにその理念を示している。クレーロスの分割と売買が禁止されたのも分解の阻止のためであるし、金・銀貨の使用の禁止も、新しい流通手段による経済の発展と、新しい富の蓄積形態とが、共同体の分解を必至とさせることを見こしてのことであったであろう。そして、このような経済の法則的発展を抑えるために鎖国政策をとらなければならなかったのであり、また他のポリスの分解の結果である僭主政に対しては否定的立場をとって、スパルタ人共同体への波及を恐れたのであった。

スパルタの国制はこのように一見するところ独自であるが、スパルタ人の共同体はクレーロス所有者の平等の相互関係であり戦士共同体である点において、ポリス共同体であることに変りはない。平等の関係を、意識的に維持しようとあらゆる努力を払ったことによって、むしろポリス共同体の典型ですらある。その人為的な努力によって、奴隷所有は共同体内の家族内に浸透することが極力さけられたことによって、奴隷に対する支配共同体としてのポリス共同体の性格がいっそう強く出てさえいる。スパルタ人の共同体は、ペリオイコイという他共同体にたいする支配と、ヘイロータイという奴隷に対する支配との、二つの支配の上に二本の足を立てていたかぎりにおいて、のちのローマ市民共同体を予示してさえいるのである。

貴族政ポリスの文化

クレーロス所有者の経済的自立を基盤として成立したポリスが、個性の自由な展開を示す新しい文化の領域を発展させたのは当然であった。それはまず、抒情詩という新しいジャンルの開拓に現われた。数多くの抒情詩人は、この時代のポリスの状況を反映してそのほとんどが貴族出身であって、従来の叙事詩では表現できない個人の情感を激しく歌い上げた。な

タレース

かでも、紀元前六〇〇年前後に活躍したレスボス島の女流詩人サッポーは、熱烈な同性愛的激情を冷たいまでに客観的に描いた歌を書いた。同時代の同じレスボス出身のアルカイオスは、神々への讃歌、酒や女の歌、政治の歌、美少年への愛の歌など多彩な題材を歌にした。テオス島出身のアナクレオンは、各地の僭主、王侯、宮廷などを転々とパトロンを求めて渡り歩く生活の中で、酒と恋を歌ったたくさんの詩を書いた。

哲学の起源もこの時代にさかのぼる。それは、すべて自分の目で確かめ自分の理性で判断しようという主体的精神の発現であった。ミレトスのタレース、その弟子アナクシマンドロス、ミレトスのアナクシメネス、エフェソスのヘラクレイトスから、アクラガスのエンペドクレス、アブデラのデモクリトス、クラゾメナイのアナクサゴラス、エレアのパルメニデスなど次の古典期にかけての哲学者にいたるまで、かれらは、万物の根元（アルケー）とは何かという問いを追求しつづけた。アルケーとは、神話的な起源のことではなく、万物をそれぞれの物としてあらしめている根元的な物質は何か、という問いに答えるべき概念であった。ある者は水と答え、ある者は「無規定のもの」と答え、また、火、地、水、風、などと答えられ、原子（アトム）と答えられた。人間はもとは魚だった、という答えもあった。いずれにしても、近代科学における進化論や、物理学的世界観、化学的分析の概念などがすべてこの時代に出そろっていることは注目すべきことである。

そのほか、美術、工芸の分野でも大きな発展がみられた。これら多くの文化的諸領域での新しい諸形式の発見と探究が、イオニアや南イタリア、シチリアのような先進的な植民市でまず推進されたことも注意されなければならない。これらの文化的諸価値の発見と探究は、クレーロス所有者として自立した個人意識の自覚的発展、貴族の経済的余裕が与えた時間的・精神的余裕、といった条件があってはじめて可能であった。とくにそれに加えて、異なった諸物質の共通の尺度として貨幣を使用することが与えた抽象能力の錬磨が、諸価値の自立性の発見と理論的探究に大きな弾機となったことを示唆する学者もいる。それを証明することはできないにしても推定することが誤りとはいえまい。

第四章　ポリスの発展と衰退

1　アテネの発展

クレイステネスの改革

アテネでは、前後五〇年ほどもつづいた僭主政がスパルタの介入によって倒れたあと、幾多の曲折をへてスパルタの勢力も追い出され、紀元前五〇八／七年ごろ、民衆の力によってクレイステネスの民主的改革が行なわれることになった。この改革の根幹は、部族制の根本的改革と、改革された部族制の上に国制を捉え直すことであった。

ソロンの改革では従来の血縁的な四部族制には手がつけられなかったが、クレイステネスは、アッティカ（アテネの領域）全体を三〇のトリッテュス（三分の一という意味）にわけ、そのうち一〇を中心市に、一〇を海岸地帯に、一〇を内地に設定した。その上で三地方それぞれから抽籤《ちゅうせん》でトリッテュスをとって合わせて三トリッテュスを一セットとし、合計一〇セットを作り、各セットを部族とした。中心市、海岸、内陸は従来の政争においておおむねそれぞれ、貴族、中流市民、下層民の地盤として働いたものであるから、こんどの新しい部族は三階層すべてを平均して含むものとなった。新しい部族制は地域性の原理を導入して、血縁的な貴族の地盤としてのそれまでの部族制をこわすものであったのである。

評議会は各部族から五〇人、合わせて五〇〇人によって構成された。アテネは居住地区の単位として当時約一五〇の区（デーモス）にわかれていたが、評議員の選出は各デーモスからの比例代表制によって行なわれた。デーモスはもともと自然村落で、すべてのアテネ人はそのとき住んでいた区を永久的な本籍としてそこに登録され、アテネ人はこれ以後「何々区の何某」と呼ぶように定められた。これ以前は「誰の子何某」と呼ばれる定めであったが、身分の貴賤がはっきりわかるこの旧来の呼び方をやめたことも、貴族の勢力を弱めるねらいからであった。このように改革された部族制の基盤から、役人と国制が、予選と抽籤の原理で作り出されたのであるから、これによって、ソロンの国制改革がもっていた限界が破られ、重装歩兵農民の民主政がほぼ実現され、アテネはウェーバーのいった意味での重装歩兵ポリスの類型に最も近づくことになった。

このほか伝えによると、クレイステネスはオストラキスモス（陶片追放）の制度を定めた。この制度は、毎年定められたとき、オストラキスモスを行なうかどうかを議し、行なうと決まれば追放したい者の名前をオストラコン（陶片）に書いて投票し、六千票を投ぜられた者を一〇年間国外に追放する制度であった。これによって僭主政の再現を防ごうとしたものだが、これは政敵を失脚させるためにしばしば悪用されて最も不評な制度となった。

ペルシア戦争

アテネがこのように重装歩兵民主政をほぼ完成させ、独自の国制をあらゆる方法で維持してきたスパルタと敵対関係にあったとき、ギリシア＝ポリスの世界はペルシアの大軍の侵攻をうけ、いやおうなしに大同団結することになった。アケメネス朝ペルシアはイランからしだいにメソポタミアを征服し、紀元前六世紀半ばごろにはシリア、パレスティナ、エジプトから小アジアまでを併せた大帝国となり、小アジア西部のイオニア諸市は親ペルシア的な僭主をたててペルシアの支配下にはいった。

紀元前四九九年、これらのイオニア諸市がペルシアにたいして反乱を起こし、アテネがこれに援軍を送ったが、反乱は失敗した。これが口実となって、紀元前四九二年ペルシアのダリウス大王はギリシアに大軍を送り、ギリシア＝ポリスの征服を企てたのである。このときは四九〇年のマラトンの戦いでアテネ陸軍はペルシア上陸軍を水際で撃退することができたが、一〇年の後、ペルシアのクセルクセス王は、陸海の大軍をこんどは自ら指揮して攻め込んできた。北から南下した陸軍は、テルモピュライを守るスパルタ軍を主力とするギリシア陸軍を破って怒濤のようにアッティカに攻め込んだ。しかし、アテネは将軍テミストクレスの指導下に全住民がトロイゼンやサラミスに避難し、戦える男子は、一〇年のあいだに建造してあった二〇〇隻の兵船にのりこんで、サラミス沖にペルシア海軍を迎えうち、これに殲《せん》

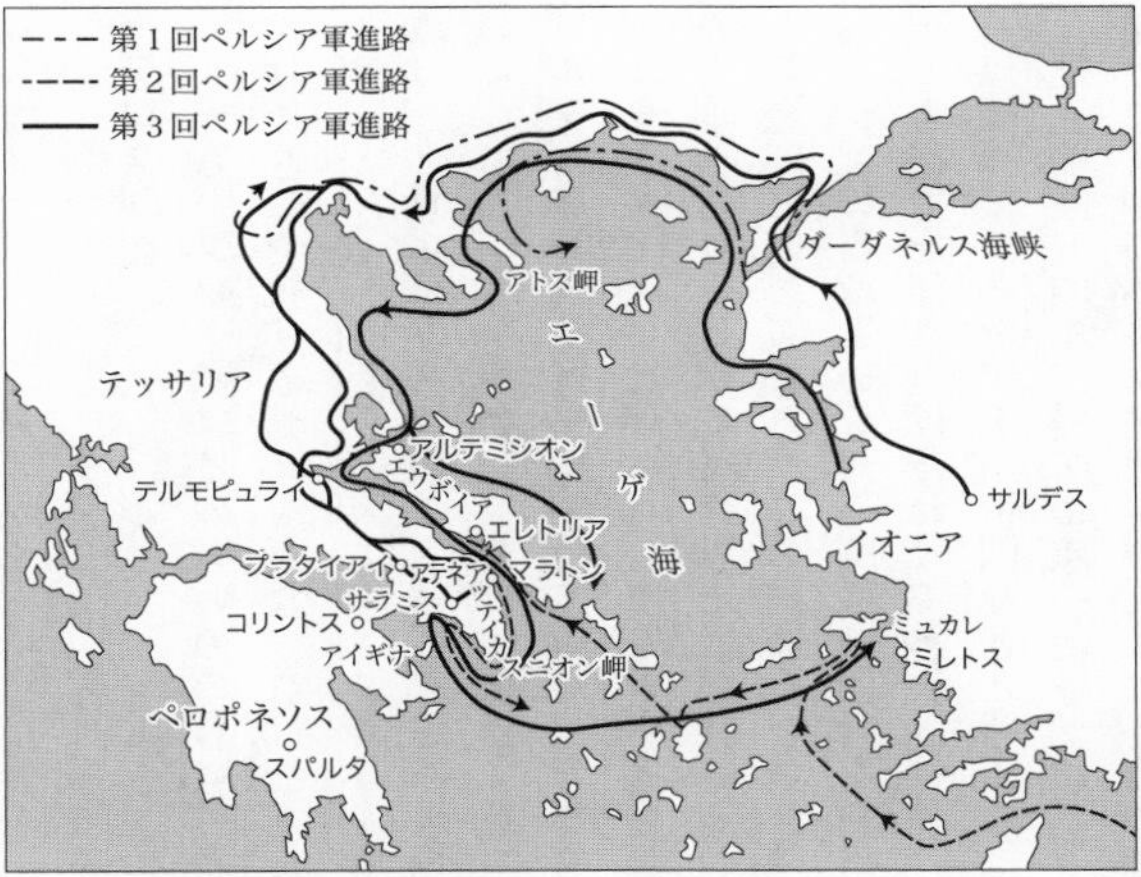

ペルシア戦争要図

滅《めつ》的打撃を与えて撃退した。翌四七九年、ギリシア連合陸軍もペルシア陸軍をプラタイアイで破りこれを敗走させた。

一九五九年にトロイゼンで発見された一つの碑文はサラミスの決戦を準備したアテネの実情を正確に伝えているが、それによるとこの作戦がテミストクレスの提案によって、評議会と民会（デーモス）によって決議されたものであることがわかる。ここからわかるように、重装歩兵民主政を完成させたアテネは民主政の力でこの国難を切りぬけたのであり、ポリスの自由、ポリスにおける市民の自由の力で、オリエントの専制君主の奴隷になることをさけることができた、それは自由の勝利である、という意識がつよくポリス市民の自信として広まったのであった。

デロス同盟

しかし、プラタイアイの戦いののちもペルシアの脅威が減ったわけではなかった。ギリシアはそれに対抗する備えをしなければならなかった。

ギリシアは、前四八一年クセルクセスの来攻を前にしてギリシア連合を結成していた。これは、ペロポネソス同盟（スパルタとその同盟国）を中心とした約三〇のポリスから成るもので、参加国は平等の一票を行使する多数決原理によって運営され、自由な投票によってスパルタに陸海軍指揮権を委ねていた。ところがプラタイアイの戦いの翌年、その総帥《そうすい》権はスパルタからアテネに移され、ギリシア連合はこのころからアテネを盟主とする同盟に変質した。加盟ポリスは軍船またはそれに代る軍資金を供出し、軍資金（フォロイ）はデロス島にある金庫に収められた。この同盟がデロス同盟と呼ばれるのはそのためである。アテネは、ペルシアの脅威という対外関係の圧力を利用し、デロス同盟の統制を介して、スパルタに対抗する勢力を作り上げたわけであった。デロス同盟がアテネ海上同盟などとよばれ、このころ以後のアテネをアテネ帝国などと呼ぶのはそのためである。

紀元前四五四年、同盟金庫がデロス島からアテネに移された。四四九年、「カリアスの平和」によってペルシア戦争が正式に終わっても、同盟ポリスからの軍資金の供出はやめられなかった。軍資金は今や文字通りアテネに対する貢納金に変じたのであり、同盟内におけるアテネの地位は専制的にまでなった。そのころの加盟ポリスは約一五〇であったが、離反したポリスに対する城壁のとり壊し、軍船引き渡しがくり返された。加盟ポリスは、ときにはその全市民が、アテネに対する忠誠を誓わせられ、それを拒否した者の市民権剝奪、財産没収が押しつけられ、追放、死刑、市民権停止などの有罪判決についてはアテネの法廷を控訴法廷として決められ、重要な政治的決定もアテネの評議会、民会の決定にゆだねられた。

　このほか、駐留軍を配置したり、役人を派遣・駐在させたりして、アテネ「帝国」の支配は確立するのであるが、ちょうどこのアテネ帝国の確立期である前四五一／〇年に、アテネ市民権は両親がアテネ人である者に限るという市民権法案が成立した。つまり、ポリス＝アテネの市民団の閉鎖性が、アテネ帝国と同時に確立したのであった。帝国の支配者の地位をアテネ人に極限し、支配の果実の分配をこのアテネ人の枠にきびしく制限したわけである。のちにローマが展開するような市民権政策を、アテネは全く知らなかったのであった。アテネはポリス共同体の枠を忠実に守ろうとしたものであった。それではポリス共同体の内部はどのようになっていたであろうか。

2 ペロポネソス戦争とポリスの衰退

民主政市民ポリスの成立

アテネ海上帝国の成立は、加盟国間の通商をさかんにしたのは当然であったが、商業、交易は必然的に共同体内の貧富の差の拡大、つまり分解を導き出さざるをえなかった。それに加えて、帝国支配が生み出す支配の果実は共同体内に不均等に分配されることによって、分解を促進する。富裕になったアテネ人は、購入、抵当その他さまざまな手段によって同盟国内に土地・家屋の不動産を取得した。こうして重装歩兵農民の分解と無所有下層民の増大がすすむ。

いっぽう、ペルシア戦争いらいの海軍時代においては、軍船にのりこむ戦士（重装歩兵）や弓兵のほか、軍船の漕ぎ手が軍事的に重要な役割をになうことになる。漕ぎ手は在留外人や同盟市民も傭われたが、その主力はアテネの下層民であった。かつて重装歩兵の軍事的重要性がたかまったとき、重装歩兵農民の政治参加に道が開かれるような国制の改革が行なわれたように、下層民の軍事的重要性の上昇に応じてかれらの政治参加に道が開かれねばならない。つまり、共同体の分解を復旧するのではなく、分解を既定の事実として前提し、下層民をも平等に扱うという新しい型への移行が現われる。ウェーバーのいう民主政市民ポリスの類型への接近である。この一歩を意味するものが、前四六二年のエフィアルテスとその事業を発展させたペリクレスの改革であった。

これらの改革の主眼点は、旧来のアレイオスパゴスの会議の権限を縮小し、その権限の一部を民会に、一部を五〇〇人の評議会に、一部を民衆裁判所に与えたことであった。しかしとくに重要なことは、アルコーン就任資格が第三級の農民級に、少しのちには第四級である労働者級にまでさげられたこと、予選された人びとの中から抽籤で選任されたことである。今や政権参加を含む完全市民権は財産所有額へのリンクから解放されたのである。それとともに、民会も国政の中心機関として確立された。ポリスには初めから民会があったが、共同体の分解がすすまないうちは、民会の国制的機能をきびしく定めなくとも、共同体の平等の関係は国家運営の上に反映されてゆく。共同体の分解がすすみ、しかも共同体の平等の関係、共同体内の民主主義を確保しなければならないところに、民会の国制的確立が現われるのである。

デロス同盟にたいする支配共同体としてのアテネは、支配の果実の共同体内分配において、すくなくとも形式的平等を実現しなければならない。それは民会出席や、観劇にたいする日当支給となり、民衆裁判所の審判人（陪審員）や、やがてはアルコーン、評議員にまで給料制がとられることになった。これは、共同体の役職を名誉職と考えるポリスの伝統的観念からの大きな逸脱であったが、それはともかく、このような措置がとれたのはアテネの支配の果実、すなわちその収受した貢納金のゆえであった。アテネの民主政は、その帝国支配の上に可能であった。アテネ市民共同体は、諸他共同体にたいする支配共同体である点、スパルタとペリオイコイとの関係と同じであった。ただアテネのばあいは奴隷所有は共同体内、家族内に浸透していたから、ヘイロータイのような奴隷の共同体の分離がみられず、その点でスパルタ人とヘイロータイのような関係はおもてに現われなかったが、アテネ市民共同体が奴隷にたいする支配共同体であることには変りはなかった。

ペロポネソス戦争

さて、ギリシア＝ポリスの世界は、こうしてアテネとスパルタという二大支配共同体を頂点とする二大陣営にわかれることになった。一方はデロス同盟を介しての「帝国」支配、他方はペロポネソス同盟を介しての独自の支配であった。一方は海軍力の雄であり、他方は陸軍力で覇をとなえていた。もともとペルシアの脅威に対する備えを、海軍力においてまさるアテネに肩代りさせたい気もあって、デロス同盟の結成を黙認したスパルタではあったが、アテネが同盟の貢納金によって繁栄をほしいままにし、アクロポリスとアゴラを復興したばかりかこれを旧に倍する美しさで飾り、外港ピレウスとの間に長城まで築いて守りを固めたのを見て、心おだやかでありえようはずもない。ことに、アテネ支配下の流通経済の発展がスパルタの共同体の分解を刺激する可能性を常にはらんでいる現実のもとで、スパルタがアテネをたえず敵視するのは自然の成り行きであった。こうした基本的な対立に、コリントスやアイギナなどの商業ポリスとアテネとの利害の対立が加わって、紀元前四三一年、ギリシア世界はこの両陣営にわかれて大戦争に突入した。こうしてペロポネソス戦争は始まったのである。

戦闘では勝敗こもごもの変遷があったが、開戦翌年アテネに非常に恐ろしいペストが流行し、アテネ市民に多くの人命の損害を与えただけでなく、死屍《しし》累々たる悲惨な光景が人びとの心に植えつけた精神的動揺と社会的規範意識の喪失は、長く深い影響を与えざるをえなかった。このとき、アテネ市民数は家族を含めて約一〇万と見積もられているが、そのうち二万人は死んだと推定されている。このほかに在留外人約三万、奴隷は家族を含めた市民数にほぼ近かったと見積もられるが、これらも同じあるいはそれ以上の比率で死んだであろう。アテネ民主政治の立役者でありすぐれた戦争指導者でもあったペリクレスも、この疫病で二子を失い、自分も一年後に死んだ。

これ以後、アテネ国内では民主派と寡頭派の政争がつづ

パルテノン神殿

き、戦闘のつづく中で政権は寡頭派に移ったり民主派に戻ったりした。戦争の背後ではペルシアが糸を引き、たえず敗色の濃い方を援けて戦争を長引かせた。しかし戦争末期にはスパルタに対する援助が強化され、紀元前四〇五年、アイゴスポタモイの海戦でアテネは惨敗、つづく陸戦でもアテネはスパルタによる攻囲と食糧攻めに耐えられず、四〇四年春、ついに降服した。戦争の結果、アテネは在外資産と海外領いっさいを奪われ、アッティカとサラミスの領有だけを認められることになった。政治的にもスパルタの同盟国とされ、その指導に従うという条件でかろうじて名目的には独立を許された、というところであった。

戦争の結果——分解の進行

戦争と征服は、勝った共同体にたいしても敗れた共同体に対しても、深刻な分解的作用を及ぼすものである。ペロポネソス戦争以後の共同体の構造的変化について、われわれが史料の状況とそれにもとづく学者の研究によってかなり十分に知らされているのは、敗者アテネにかんしてである。

ある伝えによると、紀元前五世紀末、すなわち戦争直後の時期について、アテネ市民で土地を所有しない者は約五千人であったという。当時のアテネ市民(家族を含めないで)の人口をおよそ二万人とすれば、その約四分の一が土地を所有しなかったことになる。土地が財産の基本的形態である農業社会において、ほんらい比較的均分のクレーロス所有者を成員としていたポリス共同体において、このような数値が示すものは明確である。それはまさに共同体の分解度を示すものと言わなければならない。五千人が土地を喪失した反面において、かれらの土地を獲得した富裕者がいた。この時代のアテネでは原則としてアテネ市民のみが土地を所有することができたのであるから、手放された土地は共同体内の富裕な上層の手にはいるほかはなかったからである。

ところで、それらの富裕者の財産構成は、土地のほかに奴隷（手工業職人としての奴隷を含む）、手工業仕事場（エルガステーリオン）を含む家屋、貨幣、手工業材料、商品、担保物件等、多岐にわたっていた。つまり、共同体の分解は、土地所有にあらわれているよりははるかにはなはだしい規模のものであった。ではこのはなはだしい分解を導きだした要因、かれらの富の蓄積を促進した直接の契機は何であったろうか。それは流通経済の発展であった。アテネ帝国時代に活発に行なわれ、戦争の必要によって推進され、敗戦の荒廃で一時衰えても戦後いち早く復興し、前四世紀を通じて、ますます盛んに行なわれた海上貿易であった。穀物の輸入に頼るアテネは、国内からはオリーヴ油、ぶどう酒、陶器、さらにはラウリオン銀山から出る銀で作られる良質の貨幣が輸出された。ときに仕事場といいうる規模にまで一ヵ所に集められた手工業奴隷が産出した手工業製品もこれに加わった。個々の貿易取引の規模は、今日の水準でみれば幼稚としかいいようがないものであったが、その貿易そのものはアテネ経済にとって必要不可欠であり、したがってそれなりの恒常的な頻度を示すものであった。

伊藤貞夫氏による史料の実証的研究と綿密な分析が教えるところによると、それらの海上貿易にたずさわった商人はアテネ市民より外人の方が多いが、それらの商人に資金を貸付ける資産家についてみれば、外人の優位は動かないにしても、アテネ市民の率は、商人における率よりも多い。富裕なアテネ市民のなかには、すくなくとも若いときに自ら貿易にたずさわって致富した人が少なくはなかったはずであるし、海上貸付による間接参加で利殖した人はずっと多かったと思われる。こうして蓄積された富は、もっとも安全な投資対象である土地に投下された。このようにして没落農民（紀元前五世紀末のあの五千人）の土地がこれらの富裕者の手にはいったのであるが、それにとどまったわけではない。その富はさらに共同体所有すなわち共有地の買いとりに向けられたのである。

アテネではラウリオン銀山のような全共同体の共有地のほかに、デーモス、フラトリア等の下部の諸小共同体が共有地をもっていたが、それらの共有地の売却にさいしてポリスに百分の一税（ヘカトステー）が払い込まれた。この売却と納税を記入した「ヘカトステー碑文」に関する岩田拓郎氏の研究によって、海上貸付によって致富した者（高利貸資本）をはじめ共同体の富裕な上層がそれらの共有地の購入者であることが明らかにされている。私的土地所有が、共同体所有を蚕食しつつあるのである。しかも、私的土地所有の不均等発展（上層における集中と下層における喪失）に応じて、不均等に蚕食しつつあるのである。共同体所有と私的所有との緊張的並存の関係というポリスの基本的構造は後者による前者の蚕食の方向に崩れつつある。私的所有者による共同体所有の平等利用が不平等利用へと傾斜しつつある点でも、ポリスの基本構造は崩れつつあるといわねばならない。

ポリスの衰退

もとより、こうした共同体の分解にたいして、アテネ市民共同体が手をこまねいて見ていたわけではないであろう。所有権の移動を制限しようというある種の共同体規制が生きていたことが知られている。これも伊藤貞夫氏の研究によるが、たとえば相続に当たって自由な遺言が許されるのは、ソロンに帰されている法によって、嫡出《ちゃくしゅつ》男子がない場合にかぎるとされていたが、紀元前四世紀になってもこの法は予想以上に守られているのである。この法にそむいて、嫡出男子があるのに自由な遺贈が行なわれた例が伝えられていないわけではないが、その場合すら、不動産とくに土地が遺贈されているのはほとんどないといってよいくらいの例外である。クレーロスにさかのぼりうるような家産としての土地が遺贈されている例はないといってよい。このほかにも所有関係にかんする共同体の規制が知られている。にもかかわらず分解は進行した。

さきほどふれた、紀元前五世紀末の土地喪失者五千人という数は、実はそのままうけとってはならない。というのは土地をまだ手放していない人でもすでに土地を抵当に入れた人がしだいにふえていたからである。前五世紀末ごろから抵当に入れられた土地には抵当標石が立てられる慣行が生まれたと推定されているが、そういう抵当標石がアテネその他若干の島々で多数発見されている。抵当物件や債権者、債務額を刻んだこれらの抵当標石は、潜在的な土地喪失者を示すものといえる。生前における土地の売買や抵当入れを制限する共同体規制はなかった。

こうした分解が進むと、上層の土地所有は他のポリスに広がってゆく。かつてアテネ市民はデロス同盟に加盟している他のポリスに土地を取得してそれらのポリスにきらわれたものであった。アテネは土地所有をアテネ市民にだけ制限して外人による土地取得を妨げていた。この原則は、馬場恵二氏の研究によれば紀元前四世紀に至っても守られていたが、土地を手放したい人からその土地を売手の望む価格で買い取るアテネ市民がなければ、在留外人で資力のある人がそれを買い取ろうとするのは経済の必然である。この必然的な現実と、それを制限するたて前との矛盾を、アテネは功績のあった外人への特権付与という形で埋めたのである。外人身分のままでアテネの土地、家屋を所有しうる特権を功績ある外人に与えるばあい、そのことを記した顕彰碑文がたてられたが、その多くがこんにち発見されている。

このように、アテネは共同体の分解という経済の必然を、共同体規制と、アテネ市民権を両親がアテネ人である者に限る市民権制限法と、土地所有をアテネ市民に限定する土地所有の閉鎖性と、この三つのものによって抑制しようとしたわけであった。

のちにローマは、共同体の同じような分解状況を前にして、市民権の制限や共同体の閉鎖性によってではなく、きわめて大胆な市民権の付与政策と共同体の開放によって、その難局を切り抜けていった。古典古代の同じような構造の共同体国家であったアテネなどギリシアのポリスとローマとは、共同体発展の必然として分解運動をくりかえしたが、その分解にたいする対処の仕方において、一方は閉鎖的であり他方は開放的であった。その結果、閉鎖的であった方は、共同体の分解が共同体国家の発展の頭打ちとなって衰退してゆかざるをえなかったのに対して、開放的であった方は、分解をテコとして世界帝国へと発展することができたのであった。

3　ポリスの文化

演　劇

自由奔放で個性的な精神、神中心主義と評されるイスラエル人のヘブライズムの精神文化にたいして人間中心主義などといわれるヘレニズムの文化、こういった古典ギリシア人のまさに古典的な精神と文化は、ポリス共同体の生活の中で生まれたものである。ギリシア文化は、ポリスの共同体構造を知らなくては正しく理解できないものなのである。ポリスの物質的な基礎が、土地の共同体所有と私的所有の矛盾的統一にあることはすでになんどもふれたが、そのことは、クレーロス所有の上に立って経済的にも独立し精神的にも独立したポリス市民個人と共同体との関係における矛盾となって表出する。この矛盾は、単純に個人の情感を生々しく歌い上げる抒情詩の形式によってはとうてい表現されえない、より高度のより深刻な問題を提起する。その問題を追求するにふさわしい形式が、合唱隊とその指揮者との交唱・対話から発展した演劇であり、ことに悲劇であった。

ギリシア三大悲劇詩人として今日にたくさんその作品が伝えられているのは、紀元前五世紀のアイスキュロス、ソフォクレス、エウリピデスであるが、この三者の発展の中に、かの深刻な問題をとり上げる姿勢に微妙な変化がみられるのである。すなわち、アイスキュロスにあっては、最終的には人間の自由と主体性ではなく神の意志をこそ義とするという形で運命に従う方向でこの問題に答えが出されているのにたいし、エウリピデスに至ると共同体との矛盾関係に投げこまれた個人は自己の苦悩の感情を激発させ神々をさえ呪っている。共同体にたいする個人の主体性と自己主張はより強くなっているというべきであろう。

個人の主体的で自由な精神活動は、もう一つの演劇のジャンルである喜劇の作品に格好の活躍舞台を見出した。ことにアリストファネスは、ペロポネソス戦争中にも反戦と平和の喜劇を発表しつづけ、当時一般に人気のあった指導者や有力者を諷刺と皮肉でこきおろした。かれの批判は、民主政治が堕落して衆愚政治になりさがっていることに向けられ、「民衆指導者」（デマゴーゴス）がデマゴギーによって民衆を戦争にかりたてていることに攻撃の矢が向けられた。アリストファネスはポリス共同体の古きよき時代をあこがれているのであるが、かれの自由闊達な批判精神そのものは共同体の分解の進んだ時代の自立的個人のそれである。紀元前三九二年ごろ上演されたかれの「民会につどう女たち」は、財産の共有と女の共有を原理とした国制論をさまざまにからかい笑いとばして批判しているのであるが、当時そのような国制論が説かれたらしいことは注目に値する。さきにもふれたような戦中・戦後にすすんだ共同体の分解にたいして、土地の再分割とか負債の帳消しといったポリスの歴史にかつて現実に行なわれた政策がではなく、非現実的な共産主義論が一部にではあっても主張されたらしいことは、もはや土地再分割や負債帳消しによる自営農民の再創出といったポリス本来の救済策の可能性が信ぜられなかったことを物語っている。

悲劇と喜劇は、共同体との相剋における個人の自由と主体性を、主観的にも客観的にも表現しているものであるが、これらの演劇そのものは祭という共同体の行事、アテネについていえばディオニュシア祭という祭典における競演として上演されたものであることは、それ自体ひとつの矛盾であった。アリストファネスの自由な批判と諷刺も共同体の枠の外で行なわれたのではなかった。しかし他面、競演の審査員が素人である一般の市民のなかから選ばれ、かれらの自由な投票によって勝敗、優劣が決められたことは、ここにも民主政ポリスの自由で平等な個人の原理の優位が表出したものとみるべきであろう。こうしたポリスの祭典は一般に、体育、芸能、音楽、文学、武技などあらゆる分野での個人の能力を競い合うコン

人物が描かれた壺。ロードス島出土

クールの場であった。そしてポリス世界全体についていては、オリンピアの祭典のほかいくつもの祭典が、さまざまなポリスの代表選手を集めてのそうした個人的能力を競う場であった。そこにはポリス共同体と個人の、同じ関連構造を土台とする肉体と精神の跳躍があるのである。

ソクラテスの死

ポリスの古きよき時代をあこがれるアリストファネスは、エウリピデスを低俗として否定し去ったが、そのほか新しい潮流はすべてかれの批判と嘲笑の対象とされた。そのなかにはソフィストがあり、ソクラテスがいた。

イオニアに出発した哲学は、万物の根元を探究して多彩な発展をみせたが、民主政治の発展は民会における演説の重要性を飛躍的に増大させ、客観的な知識の認識といった悠長なことではなく、人びとをその場で説得させることができるそういった力ある認識をこそ求むべきであるというのが時代の潮流であった。この要請にこたえたのがソフィストと呼ばれた新しい型の教師で、いわば主体性こそ真理であるといった認識論に立って、自分の納得できないすべてのものを、それが伝統であれ習慣であれ、批判し、疑った。ソクラテスも同じ懐疑の精神をもって出発しながら、ポリスの市民として主体的に正しく良く生きる道を求め、客観的な知識としての徳ではなく、直ちに人の心を動かし行動に押し出すようなそういう徳を求めるべきことを説いてまわった。かれの教えと問答は、すでにポリス共同体の枠を打ち破るような、主体的、自覚的個人の生き方をめざすものであった。かれの精神は、ポリス共同体をはるかに越え、人間一般の生き方を指向する普遍的なものにつながっていた。その意味であまりにも進みすぎていたかれの精神は、ポリスがポリス共同体であるかぎり、それと両立することができないものであった。紀元前三九九年かれは神々にたいする不敬罪のかどで死刑判決をうけ、国外退去する権利がありながらそれをすてて自ら毒盃をあおいで死んだ。ソクラテスの死は、そのときにおける共同体の矛盾の表白であり、しかもポリス共同体がなお生きつづけている証拠でもあった。

4　ヘレニズム時代のギリシア

マケドニアの覇権

さて、ポリス社会の一般的衰退のなかで、ポリスの世界は紀元前四世紀にはいると、スパルタ、テバイ、アテネ、アルゴス、コリントスなどが混沌として覇を競い合い、背後からはペルシアが経済援助を通じてポリス間の勢力関係に影響を与えつづけ、全体としてポリスの世界は下降の道をたどっていった。そうしたなかで、世紀初めのスパルタの覇権は、急激に興隆したテバイの前に一敗地にまみれ、メッセニア人の蜂起と独立によって国土の半分を失った。スパルタはペロポネソス戦争の勝利のおかげで国内に浸透した貨幣経済によって、長く強制によって阻止して来た共同体の平等は急速に崩れ、土地取引も自由化されたため共同体の分解はいっきょに進んでいたのであるが、テバイによる敗戦はいわばその結論を出したものであった。いっぽうアテネは、第二次海上同盟（前三七八―前三五五）によって往年の覇権再興をはかったがこれも長続きせず、民主政体は確固としていたが、戦士共同体としてのポリスは昔語りとなり、防衛は傭兵にまかせ、市民は戦時特別税の負担による防衛分担をすら忌避する有様であった。

このように衰退し混乱し分裂したポリス世界の実情は、経済の一般的発展とポリス共同体の枠組とがすでに救いがたく矛盾するにいたっていることを示すものであった。にもかかわらずギリシア人は、のちのローマ人とは異なって、ポリス共同体の枠組を閉鎖することしか知らなかった。こうした状況では、ポリスの内部からポリスの社会と世界に新しい道を指し示す力は生まれるはずはなかった。ギリシアの次の時代がポリスの中からではなく、同じギリシア人ではあってもポリスを知らない北方のマケドニアによって切り開かれたことの中には、一つの歴史的必然があったのである。

マケドニアは長いあいだ、広範囲に散在する農牧民小共同体の上に、大土地所有貴族＝騎兵とそれを統轄する王による支配という体制がつづいていたが、アルケラオス王（在位前四一三―前三九九）にいたって農牧民の重装歩兵としての組織化とかれらにたいする政治参加の拡大という改革が断行された。王の暗殺を働いた貴族的反動のため王国は約四〇年間混乱するが、フィリッポス二世（在位前三五九―前三三六）はアルケラオス改革を継承発展させ、富国・強兵の政策をうち出した。当時のポリス世界の衰退と混沌にたいして新興のマケドニアが覇権をうち立てるのは困難ではなかった。パンガイオン金山を確保して経済的基礎を固めてから急速にアテネの勢力範囲を蚕食していった。アテネでは、フィリッポスを盟主としたギリシアの大同団結でペルシア討伐をすべしとするイソクラテスの主張もあったが、アテネ中心の反マケドニア戦線の結成を説くデモステネスの主張が通り、紀元前三三九年アテネはマケドニアに宣戦し、戦争は、翌年カイロネイアで戦われたマケドニア対アテネ・テバイ連合軍の決戦で前者の完勝となった。

戦後マケドニアはギリシア＝ポリスの大同団結をはかってコリント同盟（ヘラス同盟）を結成した。同盟規約で加盟国の自由独立はうたわれていたが財産関係や政体の変更は禁ぜられ、ポリス間の抗争もいっさい許されないことになっており（「パクス＝マケドニカ」）、同盟はマケドニアの支配の具であったことは明らかである。そして同盟の第一回会議で決定されたことが、ギリシアをあげてのペルシア討伐戦であった。間もなくフィリッポスが暗殺され、東征の指揮は息子アレクサンドロス三世（大王、在位前三三六—前三二三）にひきつがれることになった。

アレクサンドロス大王

ヘレニズム時代とギリシア

紀元前三三四年に進発したマケドニア・ギリシア連合軍の東征は、イッソスの会戦（前三三三年）、フェニキア、エジプトの征服、ガウガメラの戦い（前三三一年）での勝利によってペルシア帝国を事実上壊滅させ、その目的を達した。スサ、ペルセポリスなどの王宮から獲得された退蔵貴金属は、一部はマケドニアの戦費の赤字を埋めたが、その多くは貨幣として流通過程に投入されて、以後の経済の発展に大きな刺激となった。

アレクサンドロスの東征はしかしここでとどまることなく、さらに東征して紀元前三二九年春にはヒンドゥークシュをこえてバクトリアに侵入し、三二七年夏にはインド西北部への進攻を始めた。大王の心中にはいつしか欧亜大陸にまたがる大帝国の理念が生まれていたのである。それを反映して征服地の統治においても軍制においても、しだいにギリシア的要素は後退し、オリエント的要素が強まっていった。こうした大王の理念や政策は容易にマケドニア貴族や農兵の理解しうるところではなかった。東征の進展にともなって旗下の部隊には不満が高まり反乱にまで立ちいたるのである。ギリシア本土においてもスパルタを中心にした反マケドニア独立運動が広がっていた。紀元前三二三年大王が征旅においておそらくマラリアのため三二歳の若さで急逝したとき、かれの帝国も終わりをつげた。史上未曾有のかれの大帝国は、かれの理念の中にだけあった。点と線の征服はなしえたものの、永続的な帝国の支配の構造は、その建設の緒にさえついていなかったのである。

大王の死後かれの征服地はその部将たちの実力による争奪にゆだねられ、その政争の中で王統も絶滅された。一種、戦国時代に似た後継争いのすえ、マケドニア本国をアンティゴノス家が、小アジア、イラン、メソポタミアに至る広大なシリア王国を、セレウコス家が、エジプトをプトレマイオス家が領し、あいついで王国を建設した。これらの王国はいずれも、マケドニア・ギリシア人が支配層として君臨し、現住民を支配する形態をとったが、国内の生産関係や行政組織はおおむね旧来のものをそのまま継承した点も似ていた。シリア王国は組織的な都市建設を行ない、都市を介してギリシア文化を広める政策をとったが、その政策のため、紀元前二世紀には一神教のユダヤ人の反抗にあい、パレスティナを失った。エジプト王国では肥沃なナイルの賜物のほかさまざまな産業も盛んになり、それらを国家の統制と独占の下においたプトレマイオス家は富み栄えた。アレクサンドロス建設都市の一つアレクサンドリアは王都となり、隆盛をきわめた貿易都市であるほか、自然科学を中心にした学芸の都として栄え、地中海世界最大の図書館が作られ、エジプト特産のパピルスに当時の世界のほとんどすべての典籍を筆写して蔵書数一〇万を誇った。シリア、エジプト両王国では王は神格化されてオリエント的専制王の後継者となったが、マケドニアでは初代のアンティゴノス王がストア哲学の影響をうけて王権を国民にたいする「光栄ある奉仕」ととらえ、王神格化はここでのみ行なわれなかった。

いっぽうギリシア本土では、強力な諸王国の間にはさまって新しい傾向が現われてきた。それは従来のポリスの分立に代ってポリスの同盟が作られ、ヘレニズム時代の政治史で重要な役割を演じたことであった。その一つは西部ギリシアのアイトリア同盟、もう一つはペロポネソス北岸のアカイア同盟で、いずれもポリスとしては発展度の遅れた後進地帯であった。そのことがポリスの枠にとらわれない新しい動きが可能であった原因でもあった。これらに対して往年の覇者アテネは独自の政治的重要性を失い、紀元前三世紀の後半まではマケドニアへの従属によって身を守り、その後約三〇年の中立・独立政策の成功した時期をへて、やがて進出してきたローマに密着して行動し、漁夫の利にあずかった。その結果、とくにデロス島の領有によって富裕者が国際商業にかかわって巨富をえ、市民共同体の分解は極端にすすみ、紀元前二世紀末におこったポントゥス王ミトリダテスと結んだ貧民の革命をひき起こし、ローマの介入による大弾圧で、それまで形式的に続いていた民主政は廃され、親ローマ的な富裕者の政権がこれに代った。

この時代のアテネの名声は、政治の面ではなく哲学や文芸の都としての名声であって、各国から大ぜいの学徒をひきつけていた。この時代には、プラトンのアカデメイア派、アリストテレスのペリパトス派のほか、エピクロス派、ストア派が人気を集めた。喜劇では有名なメナンドロスが一世を風靡《ふうび》したが、往年の喜劇に固有の政治批判や社会諷刺は影をひそめ、世相や人情を描いて人びとを楽しますだけのものとなった。スパルタでは往年のスパルタ的国制、リュクルゴス的生活様式の復活をめざしてアギスとクレオメネスが相ついで改革運動を起こしたが、しょせん時の流れに抗することはできず、スパルタ市民共同体の復興は一場の夢に終わった。

第五章　ローマの発展

1　ローマの貴族共和政

ローマ以前のイタリア

イタリア半島は北をアルプスの山脈でさえぎられていちおうのまとまりをなし、地中海のほぼ中央部に位置し、またシチリア島をはさんで北アフリカとの交通の便もよいなどの条件に恵まれ、イタリア半島の覇者となる者にはいっそうの雄飛の可能性を約束していた。北部のポー川流域は内陸的気候風土で穀物の生産に適したが、それ以外はおおむねギリシアと同様の地中海性風土で、オリーヴやぶどうなどの果樹栽培に適していた。

イタリアの最古の時代については考古学の研究によって探る以外に方法がないが、こまかい点まで学説の対立があって、正確な編年や民族を確定することはむつかしい。全体として、先住の土着人種とあとから来た印欧語族の混合によってイタリア先史文化が形成されたことはまちがいないとして、印欧語族が北から南下した征服民族であるとする旧来の説にたいして、大量の移住、征服によらない混合を想定し、製鉄技術その他の先進文化を東地中海との直接の接触に由来する文化伝播と考える第二次大戦後の新動向とが対立している。いずれにしても、のちにローマに発展したティベル川下流左岸のいくつかの丘には、前二〇〇〇年以降の銅器時代以後定住が始まり、青銅器時代、鉄器時代と時代が進むにつれて住居も拡大し、おそくも紀元前八世紀にはラテン人とサビニ人がそれぞれ集落を形成していた。紀元前七世紀になると、戦車を用いる指導者層が現われ、北方エトルリアとの交易の跡も認められるから、これらの集落の有力者層は交易によって上昇し、王を作って集落の統合へと移行したと考えられる。

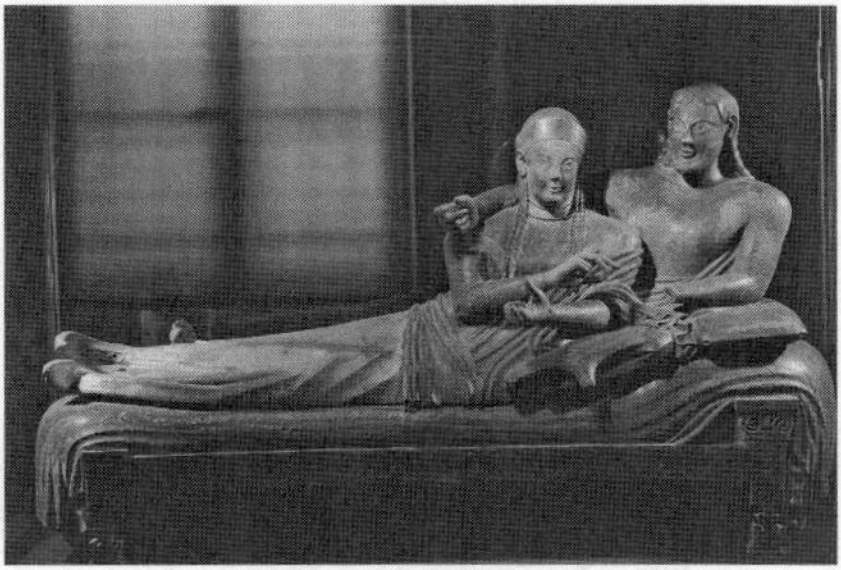
エトルリアの貴人夫妻の陶棺

初期のローマがもっとも強い文化的影響をうけ政治的にもさまざまな関係をもったのはエトルリアであった。エトルリア人は今日のトスカナ地方に一二の都市国家を作っていた文化民族であるが、たくさんの碑文にのこされているかれらのことばは印欧語ではないというだけでまだ解読されておらず、その民族的系統が明らかになっていない。ヘロドトスにしたがって、小アジアのリュディアから移住してきた民族だという説が今日でもいちばん有力である。各都市国家ははじめ王政だったが、紀元前六、五世紀にあいついで王政を廃し貴族政に移行した。かれらの勢威は海上交易の支配によったと考えられる。ローマはこのエトルリアから、肝臓占いや鳥占いとか剣奴《けんど》の真剣勝負など、さらには、国家権力を象徴する斧と棒の組み合わせであるファスケスに至るまでをうけつぎ、国制、習俗、文化の各面にわたって大きな影響をうけた。

このエトルリアの歴史はローマ側の伝承から推定されるものであるが、ローマの伝承といっても今日残っているものは、リウィウス、ハリカルナソスのディオニュシオス、ディオドロスなど紀元前一世紀後半の歴史家の作品のみであり、この点ギリシアのばあいと事情が大いに異っている。十九世紀の歴史家にはこれらの伝承に懐疑の目を向け否定的立場をとる傾向が強かったが、今日では反対に伝承をできるだけ尊重しようという傾向が強く、とくにリウィウスの伝える古記録の信憑性は高く評価されている。

ローマの建国

それらの伝承によると、そのころのローマ人は三トリブス（部族）に分かれ、その各々は一〇クリアにわかれた。クリアはおそらくそれぞれ元来は独立の集落であったと思われ、固有の領域と指導者をもち、またそれぞれが固有の公的祭祀をもっていた。クリアの長老が集まって元老院を作った。紀元前七世紀ごろ集落の統合にさいして王をたてて軍事権をこれに委ねたが、王権は弱く、元老院によって制約された。王を含む長老、有力者層は、当時の住居址の発掘からみて、まだ一般住民からかけはなれた富者ではなかった。

発掘の結果はまた、紀元前六世紀にはいるとローマの海外交易量が急激に増大したこと、それと同時に家屋、神殿、道路の建築や市民広場（フォールム）、砦（カピトリウム）の城壁の建設など都市化現象が現われたことを示している。当時おそらくローマを含むラティウム一帯はエトルリアの勢力圏にはいり、この刺激のもとに海外交易が急激に発展し、その経済力を背景に都市建設がすすんだのであろう。集落の統合と都市形成は長老、有力者層が商業利潤にあずかるために推進した事業であったと推定するほうがより正確であろう。ローマの立地条件は、中央イタリアおよびエトルリアと、ギリシア・カルタゴとの中継貿易地として最適であったからである。

伝承ではこのような都市形成と都市国家体制の基礎を築いた者は、第六代目の王セルウィウス＝トゥリウスであった。かれに帰せられている都市国家体制の基礎作り事業の最大のものは、ケントゥリア制である。これは、軍事的編成を基礎にした市民団の編成であり、民会の組織であり、投票権の等級づけであった。すなわち、全市民は財産額にしたがって騎士と歩兵にわけられ、騎士は一八ケントゥリア（百人隊）に編成され、歩兵はさらに財産額に応じて五級に区分されて、第一級（クラッシス）は八〇ケントゥリアに、第二・三・四級はいずれも二〇ケントゥリアに、第五級は三〇ケントゥリアに編成される。このほか工兵二ケントゥリア、器楽兵二ケントゥリア、等級以下一ケントゥリアがあり、総計一九三ケントゥリアとなる。民会（ケントゥリア会＝兵員会）はこの部隊編成によって集まり、各ケントゥリアが一票をもって投票を行なった。しかも投票は上級から始められ過半数をえたところで投票が打ち切られたから、騎士と第一級を合わせた九八票でだいたい事は決められたわけであった。各級には出陣に当たっての装備義務が定められ、第一級が重装歩兵装備を義務づけられていた。

したがってこの制度は、市民の権利義務を財産にリンクさせる点でアテネのソロンの改革に類似するものであり、騎士＝貴族と重装歩兵＝上層農民との政治的同盟を意味するものであった。考古学的資料によれば、ローマでの重装歩兵の密集戦法の確立は紀元前五〇〇年ごろであり、紀元前六世紀は騎馬の重装兵から徒歩の重装歩兵への移行期、両者の並行期であった。ケントゥリア制はこの移行期を反映している。ところで、ケントゥリア制は非常に複雑であるうえ、相当に多数の市民人口を前提しているから、この制度はもっと後代に作られたものとしてこれを疑う学者が多い。しかし、かりにこのままの形のものは後代のものとしても、より単純な形の、しかし同じ原理のケントゥリア制をセルウィウスに帰することまでを否定することはできない。

セルウィウスはさらに、旧来の三部族・三〇クリア制に代って四トリブス（区）を設け、区を戸口調査の単位とし、市民は必ず区に属することによって市民資格を獲得することにした。戸口調査では土地所有面積と、奴隷や貴金属所有の青銅片による評価が申告されたが、後代の発展から逆推すると、このとき土地を申告できた者が、正式のトリブス員として武装出陣義務、投票権、納税義務を含む完全市民（アッシドゥイ）であり、土地以外の財産のみをもつ者（商人、職人など）はアイラリイとよばれ、武装義務と投票権を欠いていたと考えられる。

以上のようなセルウィウス体制によって、ローマは諸集落の複合段階を去り、ローマ市民共同体は国家として形成された。同時に対外貿易の発展によって王を含む貴族層が上昇して政権を実質的に握ったが、農民の上層も同じく商業利潤によって浮び上った。軍事上、戦術上の必要からそれら上層農民を重装歩兵農民として動員する必要があり、政治的にもかれらは同盟者としてかかえこまれた。その他面には土地を失った等級以下の市民すなわちプロレタリイがすでに現われている。ローマ市民共同体はすでに出発点において分解の最初の現象を示し、その分解を前提にして形成された平等の関係であり、ウェーバーの言う貴族政ポリスに近い形態をもっていたということができる。

共和政の成立

商業に有利な立地とローマの繁栄の上昇は、近隣集落の首長層を誘引することとなり、それらの首長のローマ移住、それらの集落のローマ共同体への参加をひき起こし、ローマの領域は四囲に広がり、セルウィウス時代の四トリブスは増加して、紀元前六世紀末までに二〇トリブスとなった。こうした中で、伝えによると紀元前五〇九年、強大化した貴族層は専横化しようとする王権に耐えることができず、第七代目の王を追放し、任期一年、定員二名の貴族出身のコンスル（執政官）を最高政務官とする共和政を開いた。元老院と民会は王政時代のものが継承された。

ところが共和政にはいる前後をもって、共同体内の富裕な有力者層、首長層はパトリキ（貴族）として身分的に封鎖した。これ以後の共同体参加者はいかに強力な首長でもパトリキとなれず、いかに致富してもパトリキに上昇できず、プレブス（平民）の身分にとめおかれた。そのためパトリキ、プレブスの対立が深まり、それが紀元前四九五年貧民の借財問題をきっかけに爆発し、プレブス全員の市外退去事件をひきおこした。翌四九四年、パトリキは譲歩し、プレブスだけの民会（平民会）と護民官の設置を認めることによって事件を解決した。護民官は国家の役人（政務官）ではなかったが、かれは、コンスルなど国家の正式の役人の行なうあらゆる職務行為や兵員会における立法、選挙、さらには元老院議決などを拒否あるいは妨害する権限が与えられ、また政務官の強制権発動にたいする平民の求援や、平民会裁判の請求（プロウォカティオ）を援助する権限も与えられた。さらにこれらの権限の行使を容易にするために護民官の身体を守るべき神聖不可侵権も与えられた。護民官が召集し議長をつとめる平民会はパトリキを含まないから国家の正式の民会ではなかったが、平民会決議は平民の意思表示として政治的圧力を与えることができた。護民官の設置は、国家権力の発動に対する平民の抵抗権を国家自身が正式に認めた歴史上最初の事件として注目に値するが、このローマ独自の制度も共同体国家としてのローマの当時における歴史的段階が生みだしたものとして次のように解してはじめて正しくとらえることができる。

紀元前六世紀いらいの海外交易の進展によって拍車をかけられて、プレブスの分解が進み、上層は貴族に対抗しうるほどになり、下層は借財に苦しむ状況のもとで、プレブス上層は下層の不満と要求を背景に貴族に立ち向かったのであった。他方、貴族にはプレブスの要求にたいして譲歩せざるをえない理由があった。エトルリア貴族系の王を追放して共和政をたてたことはエトルリアとの関係を悪化させ、とくにウェイイはローマとの商業的利害の対立から「塩の道」とよばれるローマの交易路を圧迫した。他方ラティウムではローマにつづいて国家形成を行なったラテン諸都市との優劣を競う戦争を交えた対立があり、さらにはアエクィ、ウォルスキなどの山地種族がラティウムの平原をねらって進出してきていた。こうした逼迫《ひっぱく》した対外関係を有利に切り抜けるための防衛力としては、今や重装歩兵軍の整備と強化に頼るほかはない。そのために、貴族はローマ市民共同体を守るためにはプレブス上層が共同体から分離することをどうしてもさけなければならなかったのである。このように考えれば、この事件はまさに貴族政の動揺を示す事件であり、ギリシアでは僭主政の成立を導き出した発展を前提するものである。ただギリシアの場合は、貴族、平民両者の非妥協性のゆえに僭主政という非合法な政権が生まれざるをえなかったが、ローマでは貴族の政治的智慧によって、護民官と平民会という国制外的機関の設置を黙認することによって政体の変更がさけられたのであった。

2 ポリスとしてのローマ

十二表法の意味

しかし貴族と平民の対立がこれで終わったわけではない。紀元前四五〇年にいたり最初の成文法である十二表法が制定されてこの対立に次の手が打たれた。成文法の制定そのことは法の公開により貴族の法独占を破る重要な一歩であるが、十二表法は貴族と平民との妥協の姿をさまざまと示している。すなわち有力者の恣意を抑え、家父長権の制限がみられるいっぽう、貴族と平民の通婚禁止のような身分的差別が確認されている。

とくに債務返済不能者に対して、これを殺しても、国外（ティベル川の彼岸）に奴隷として売ってもよいと定めている苛酷な債務法は、増加する債務奴隷が深刻な社会不安を形作っていることの反映であると同時に、共同体の奴隷制的分解をさけようとして作られた規定と解することができる。

いっそう重要なものは十二表法の土地制度的規定で、ローマに独特の土地測量法を導入して私有地の面積を確定するとともに道路網の整備によって土地境界をつねに明確にしておくと同時に、土地にたいするあらゆる担保設定を禁じて土地所有権にかんする曖昧さを除き、さらに遺言の自由を承認し、土地の現金売買の原則が固執されたのである。財産とくに土地所有にリンクして市民の権利、義務なかでも武装義務を定めたセルウィウス体制は、この十二表法の規定によって補完され保障されることになった。つづいて、紀元前四四五年のカヌレイウス法は貴族、平民の通婚の禁止を撤廃し、毎年選出されるコンスルの代りに、平民でも就任しうる執政武官という最高官を選出してもよいことを定めた。プレブス上層と貴族との間の対立緩和にいっそうの手が打たれたわけである。このようにしてローマ市民共同体はこのとき、ウェーバーがいった意味での重装歩兵ポリスの類型に大きく近づいたといえよう。

このような形で国内の結束を固めたローマは、プレブスも就任しうる執政武官職の設置によって容易となった重装歩兵軍の動員に助けられて、南北に作戦を展開する。南方ではアエクィ人やウォルスキ人を破って押し返し、北方ではウェイイとの十年の長く苦しい戦いのち、紀元前三九六年これを攻略した。ウェイイはローマ領とされ、そこには四トリブスが設置されてローマからそこに土地割り当てをうけた農民植民者が送り出された。ウェイイの攻略はしたがって、土地を失った農民に土地を再割り当てし、分解した共同体を復旧する意味をもち、またそのためのものであった。と同時に商業上の敵を倒してローマが中継貿易の覇権を奪回し、上層農民に商業関与の機会を広めて重装歩兵装備を容易にしようという意味ももっていた。ウェイイ攻略は、ローマ市民共同体の存続と発展のためには不可欠の経済的条件であったのである。

なおウェイイへの植民にあたって、ウェイイ人の一部にもローマ市民権と割当地を与えたことは、ローマの将来の発展にとって重要な意味をもつものであった。市民権についてきわめて閉鎖的な態度をとったギリシアのポリスと異って、ローマがこうした開放的な市民権政策を初めから試みていたことに、ローマの発展の一つの鍵があるのである。

ウェイイの陥落につづいてローマは、しばしば戦闘を交えつつ、中央山地帯および南方カンパニア方面への交易路の確保に力を注ぎ、商業はさかんとなり、ラテン諸市との経済交流も進んだ。商業は共同体の分解を導き出す。ことに十二表法によって土地取引の完全自由が認められていたため、分解はただちに土地所有に反映する。そうしたなかで紀元前三八七年、北方から当時中央ヨーロッパで有力な民族であったケルト人が侵入し、ローマ市の大部分を占領して放火掠奪するという事件が起こった。ケルト人はやがて引き上げたが、戦後の復興は困難をきわめ、とくにそれは平民にたいする過重な負担となって貴族、平民の対立を深め政情は混沌とした。これをようやく収拾したものが紀元前三六七年のリキニウス＝セクスティウス法である。

ラティウムの平定

この法は、第一、執政武官職を廃し、こんごは二名のコンスルを最高政務官とし、その一名は平民とすること、第二、借財は利息としてすでに支払われた額を元金から差し引き、残額を三年間で返済すること、第三、公有地占有面積を五〇〇ユゲラ以下とし、公有地での各人の放牧家畜数を大家畜一〇〇頭、小家畜五〇〇頭以下とすること、の三点を定めたものである。

このうちもっとも重要で問題のあるのは第三点である。ローマも、市民に割り当てられた私有地（私的所有）と共同牧地や荒蕪地《こうぶち》を含む公有地（共同体所有）との二つの形態の統一という古典古代共通の土地所有形態を共同体の物質的基礎としていたが、公有荒蕪地にはそれを開墾した者にたいして耕作をつづけている間その土地の占有を許すという無主物先占権（オクパティオ）が適用された。こうして公有地には名目的な利用料を収めるだけの先占地が生まれたが、原則的には全市民に許された先占権を現実的に行使しえたのは奴隷その他の労働力と豊富な資金をもっていた貴族や平民上層にかぎられた。つまりローマでは先占権が共同体所有の不均等利用を促すこととなり分解促進剤として働いたのである。さきの第三点は、当時においてすでにこの不均等利用がかなり進んでいたことを示し、それを阻止しようとする意味をもつものであった。ローマの領域の拡大は市民への土地再割り当ての可能性を開くと同時に公有地の増大をもたらし、先占を通して共同体の分解を導き出していたのである。そうした分解の結果である借財の問題を、第二点は利息廃止により解決しようとしたものである。

執政武官職の廃止を決めた第一点は、貴族と平民上層の政権担当における身分的不平等を撤廃したことを意味し、両者の政治的同盟ができ上っていたことを示している。事実それ以後の経過をみると、平民の中でもきわめて富裕で有力な家柄の者だけがコンスルになっている。コンスル選挙や法案決定にさいする兵員会での採決は、その年のコンスルの出す原案にたいする賛否のみが問われるのであったから、翌年のコンスルへの立候補は前年のコンスルの承認なしには不可能であった。したがって平民中の上層がコンスルになるということは、貴族と平民上層の政治的同盟によってのみ可能であった。こうした同盟によって新たな支配層としてのノビレス（名門）が成立したのである。そしてそうしたノビレスの政務官経歴者から構成された元老院が隠然たる政治的実権を握ったのも当然であった。そして公課徴集、軍費支出、公有地処分などは元老院の承認事項とされ、民会で成立した法の効力停止を決めることができ、元老院議員の中から民事訴訟の審判人が選出されたなど、しだいにその国制的権限が大きくなっていった。

紀元前三六七年の妥協によって国内安定に成功したローマは、土地、鉱物資源、交易路を求めて再び南進政策を開始し、山地諸種族と衝突したが、それに同調したラテン諸市と戦争となった。これがラテン同盟市戦争であるが、ローマは巧みに各個撃破に成功し、三三八年ラティウムを平定した。平定の方法は、ラテン諸都市に完全ローマ市民権を与え（ローマ市民ムニキピウム）、ラテン系以外の都市や部族には投票権を欠く不完全市民権を与える（投票権のないムニキピウム）という方法で、ローマ市民権を与えられた都市はそれ固有の市民権も存続され、二重市民権が生まれることになった。完全市民権を与えられた都市の市民はローマの民会で投票権を行使しえ、不完全市民権を与えられた都市の市民でもローマ市民同志のそれと同じ合法的な通婚、通商権をもつことになった。その他の有力なラテン市ともローマは条約を結んで同盟者とした。このようにラティウム平定は、ローマ市民権の等級づけを介した巧みな支配と、ローマ市民団の増大との組み合わせであり、のちの「帝国」への発展の基本的な型がここに作られたのである。

重装歩兵ポリスの完成

ラテン同盟市戦争は山地種族とくにサムニテス人との戦争の副産物であり序曲でもあった。サムニテス人との戦争は紀元前三二六年から二七五年にいたるまで数次にわたって続けられた。この間ローマは南イタリアのギリシア人植民市タレントゥムと衝突し、タレントゥムの求援にこたえて来襲したエペイロス王ピュルロスとも戦ってこれを退けた。紀元前二七五年タレントゥムの降伏によってローマは、北部の一部を除くイタリア半島をその支配下に収める一大強国となったのである。

これらの戦勝によってローマはアペニン山脈を横断してアドリア海にまで及ぶ公有地を獲

得した。この公有地にたいする巨大な先占によってノビレス層の大先占者、大土地所有者としての基本性格が確立した。そのさいサムニテス人の有力者層にも先占を許し、かれらを味方にひき入れた。しかし他面、獲得した領土は市民への土地割り当てにも使われ、新たに八トリブスが設置された。そのさい現地住民にもローマ市民権を与えて土地を割り当てた。さらに、これら新領土を守るために、軍事上の拠点にはローマ市民が送り出されてローマ市民権植民市が設置され、その他トリブスの各要所にはラテン諸市と共同でラテン植民市を建設した。ラテン植民市は投票権のないムニキピウム扱いとされた。このようにしてイタリア制覇に導いた戦勝は、一方では大規模先占による共同体の分解を前進させる契機を作り出したが、他方では土地を失った無産市民への土地割り当てと植民による共同体の復旧への努力も忘れられなかったのである。

征服戦争はさらに、商工業によって致富した富裕者層、被解放奴隷を生み出した。これらのアイラリイは、セルウィウス体制ではトリブス所属からはずされて市民権の制限をうけていたと考えられるが、紀元前三一二年の戸口調査官となったアッピウス＝クラウディウスは、おそらくかれらの財政負担力を利用するためこれらのアイラリイのトリブス所属を定めた。この措置には政治的背景があった。ローマには民会として兵員会のほかに紀元前五世紀からトリブスごとに投票権を行使するトリブス会があり、しだいに重要度を増していたので、ノビレスは政権を掌握するためにはできるだけ多くのトリブスに自己の勢力を扶植しなければならなかった。トリブスが新設されるたびにノビレス氏族はそこに移籍して勢力の維持・拡大に努めたのであった。クラウディウスの措置は、貴族ノビレスであるかれが非土地所有富裕者を農村トリブスに配置し平民ノビレスの地盤を崩してその勢力を弱めようと意図したものであった。しかしかれの改革は短命で、前三〇四年の修正でアイラリイのトリブス所属は都市の四トリブスに限ることとされた。重装歩兵＝土地所有農民とノビレスとの同盟という基本的性格は変えられなかったのである。

しかしこうした富裕者の台頭を背景に、平民の政治的権利はしだいに上昇し、紀元前三〇〇年ごろにはほとんどすべての政務官職が平民に開放されるまでになった。同じ年、平民のプロウォカティオを平民会に提起することが正式に承認された。こうした発展のすえ、紀元前二八七年、平民会の決議が平民だけではなく全市民を拘束することを定めたホルテンシウス法の成立となったのである。

平民会はトリブス会と同様にトリブスごとの投票を行なっていたと考えられる。ノビレスはトリブス会で多数を制すための対策によってトリブスごとの投票によっても自己の政治的主張を貫徹しうる自信をもつにいたっていた。この自信が平民会の正式民会化を認めさせた背景であった。他方、護民官職もこのころには往年の革命的性格を失い、おそらく平民ノビレスの手中に帰し、平民会への法案提出に先立って護民官は元老院に諒解を求めるまでになっていた。したがってホルテンシウス法は、ノビレスの平民会支配の実質的貫徹の上に立って重装歩兵農民の民主政の形式を完成させたものであった。

3　地中海世界への進出

ポエニ戦争

そのころまで西地中海の雄として重きをなしていたのは、フェニキア人の植民市で商業都市のカルタゴであった。従来カルタゴとローマは数次の条約によって平和共存していたが、ローマがイタリアの覇者となるや両者の利害が衝突し、ささいなことがきっかけで戦争に突入する。こうして紀元前二六四年に始まった第一次ポエニ（カルタゴ人のことをローマ人はポエニ人と呼んだ）戦争で、ローマは初めて本格的な艦隊を作り、相つぐ海戦で苦闘のすえ海軍国カルタゴを破り、二四一年カルタゴに和を乞わせた。戦勝の結果ローマはシチリアの領有を獲得し、まもなくサルディニア、コルシカも攻略してそれらを属州とした。シチリアでは、戦争中ローマに軍隊を提供した三つのポリスが同盟自由市として独立を許され、またローマに援助を与えた他のポリスが自由免税都市とされて自治独立を認められたほかは、一部は公有地として元老院の直轄下におかれ、他はローマから派遣された総督の直接統治下におかれた。この総督直轄下の土地が厳密な意味での属州（プロウィンキア）であり、カルタゴ支配のやり方をうけついで十分の一税を課され、徴税には請負制がとられた。この海外領統治の形式は、これ以後そのときどきの現状を認めながら、おおむね踏襲されていった。

つづいてローマは、アドリア海沿岸地方とポー川以北のガリア地方を征服し、それらの地方に多数の土地を失った市民が送られて土地を割り当てられ、また植民市が建設された。しかしこのとき以後、新領土に土地を割り当てられて多くの農民が送り出されても、植民市がたてられても、新たにトリブスが設置されることなく（トリブス数は三五でとどまった）、送り出された農民はポルリアなどごく少数の旧来のトリブスに登録されることになった。かれらは、重装歩兵農民として再建されてもトリブス会で固有の政治的意思を表明する機会を与えられなかったわけである。同じころ兵員会の投票をもなんらかのしかたでトリブスに結びつける改革が行なわれたので、かれらの政治的意思は兵員会でも表明されえなくなった。つまり、植民などによるローマ市民団の外延的拡大による共同体分解の復旧は、トリブスの増大を伴わず既存のトリブスの不均等拡大となって現われたわけで、そのかぎり、共同体の平等の原理の政治的表現である市民権の内容に不平等が現われたということになる。

カルタゴとの戦争ののち、ローマは、南イタリアのギリシア諸都市との同盟関係から、そのころ強力となっていたアドリア海岸のイリリア王国と二回のイリリア戦争（前二二九―前二二八、前二一九）を起こして勝利し、イリリア海岸を勢力下に入れた。紀元前二一八年、長年スペインでローマ反攻の準備をしていたカルタゴの名将ハンニバルがピレネーとアルプスを越えてイタリアに侵入し、第二次ポエニ戦争が起こった。ハンニバルは一六年にわたってイタリア半島を荒らし、再三ローマ軍を全滅させた。しかしローマは敗戦ごとに士気を高め、山地種族に至るまで半島内のローマの同盟者の離反がなかったことも幸いしてよくこれに耐え、スキピオを将とするローマ軍はハンニバルの補給基地スペインに攻撃を集中し、そこのカルタゴ軍を一掃してその原住民を懐柔したうえカルタゴ本国を襲い、帰国したハンニバルをザマの戦いに破って、前二〇一年カルタゴに和を乞わせた。この戦争は長くローマ人の記憶に残る一大国難であったが、この戦争を境にしてローマは地中海世界に進出する国際的勢力となり、それが地中海地方の歴史をも自らの歴史をも大きく変えてゆくことになるのである。

地中海への進出

まず、ポエニ戦争の最中マケドニア王国のフィリッポス五世（在位前二二一―前一七八）がハンニバルを援けたのでこれと戦いが行なわれたが（前二一四―前二〇五）、そののちフィリッポス五世の勢力拡大に不安となったローマは第二次マケドニア戦争を起こし（前二〇〇―前一九六）、勝利をえてギリシア諸都市をマケドニア王の支配から解放した。そのころヨーロッパにまで軍を進めていたシリア王アンティオコス三世はローマに宣戦を布告した。このため起こったシリア戦争（前一九二―前一八九）でローマ軍は初めてアジアの地に軍を進めてシリア軍を破った。この時までの戦争では、ローマはその戦後処理において領土的関心を示すことなく、戦後ただちに軍隊をひきあげた。

第二次マケドニア戦争ののち、フィリッポス五世は再び国力の充実を進めてローマの同盟国ペルガモンと衝突するにいたったので第三次マケドニア戦争（前一七一―前一六七）が起こり、ローマ軍は次の王ペルセウス（在位前一七九―前一六八）をピュドナの戦い（前一六八）に破り、これを降服させた。このころよりローマの東方政策は硬化し、マケドニア人やマケドニア側についた諸都市に租税を課し、またアカイア同盟人一〇〇〇人を人質としてローマに連れ去り、エペイロスでは一五万の住民が奴隷とされた。その後マケドニアが再び軍を起こしたときローマはこれを撃破し、ついにマケドニアを属州とした（前一四六）。同じ年、それまでアカイア人を中心にしてしばしば反ローマの反抗運動を起こしていたギリシアにも軍隊を送ってこれを破り、コリントスの全住民を奴隷に売り、都市を完全に破壊したので、ギリシアもローマの属州とほとんど変わらないものになった。

いっぽう、第二次ポエニ戦争でローマはスペインを獲得し、紀元前一九七年ここに二属州を設置したが、総督の原住民にたいする搾取がはなはだしかったため大反乱がたえず、二次にわたるケルティベリア戦争（前一八一―前一七九、前一五三―前一五一）をへて、第三次ケルティベリア戦争で敵の牙城ヌマンティアを攻略して焼き払い（前一三三）、ようやくここを平定した。またカルタゴは、アフリカにおけるローマの同盟国ヌミディアと衝突したことが原因となり、紀元前一四九年三たびローマとの戦争にはいり、ついに一四六年カルタゴの町は焼き払われ、この地はローマに味方したウティカなどが自由市とされたほかはローマの属州とされた。

このようにして、紀元前一四六年には、マケドニアの属州化、コリントスの破壊、カルタゴの破壊とアフリカの属州化、という大事件が重なった。紀元前二世紀初めには海外領獲得の関心を示さなかったローマは、このとき完全に征服的政策に転じていた。こうしたなかで、シリア戦争、マケドニア戦争などでローマ側についていたペルガモン王国も、国内の不安定からしだいに強大なローマの前に独立がむずかしくなり、紀元前一三三年アッタロス三世の遺言によって王国はローマに遺贈され、やがて属州アシアとされた（前一二九）。

カルタゴの遺跡

征服と支配の結果

このようにしてローマは、シチリアを属州として獲得してから百年あまりで、東地中海地方にまで及ぶ巨大な海外領支配をうちたてたのである。しかしながらこのような巨大な支配は、支配者である市民共同体としてのローマ全体にとって、けっして幸福な結果をもたらしはしなかった。それは次のような事情からであった。

海外領支配の主たる果実は貢租の徴収であって、それは支配者たるローマ市民共同体を全体として豊かにした。たとえば、ピュドナの戦いの翌年、イタリアにおけるローマ市民の完全な私有地が免租とされたことは、貢租という財政収入のゆえであったであろう。しかしながら貢租としてローマ市その他イタリアに搬入された穀物は、大都市近在の農民から重要な市場を奪うことになり、そうでなくとも傾いている農民経営に打撃となった。また、海外における長期の戦争に出陣した農民のなかには農地経営をつづけることができず土地を手放して無産者（プロレタリイ）としてローマ市に流入した者が多かったが、かれらは貢租の穀物を安価に配給されて扶養されたのであるから、貢租は共同体の分解を固定化させる役割を果たしたわけであった。

征服はローマの公有地を増加させた。紀元前二世紀初めの三〇年ぐらいまでは公有地が市民に割り当てられ、あるいは植民市の建設が行なわれることもしばしばで、それは共同体の分解を回復させるに役立ったことはたしかである。しかしながら、前一七七年に北イタリアのルナにローマ市民植民市がたてられてから、グラックス改革による植民が始まるまでの半世紀以上の間に、わずか一つのローマ市民植民市がたてられたにすぎないという事実が物語るように、征服地の市民への分配は、全体からみれば征服地の巨大に比して九牛の一毛にすぎないともいえるほどのものであった。征服地の大部分は、いま再び先占にゆだねられることになったのである。しかもこの時代には先占の規模がおそろしく大きくなった。それは先占のために投下される資本が、征服のおかげで急増したからである。

まず、ローマの属州総督はノビレス層の中から高級政務官経歴者が任命されたもので文武両権を兼ねたのであるが、かれらは一年の任期中に政治資金をかき集めようとしたから、在任中に許されている以上の搾取を属州人に加えて私腹をこやした。他方、属州人からの正式の貢租は、シチリア州いらい徴税請負制がとられたが、ローマの徴税請負人はイタリアに大土地所有をなすローマ市民中の富豪であった。かれらはノビレスとさまざまな密接な関係をもつ同一社会層に属す者であったが、元老院の家柄の者に実質的に海上貿易を禁じた紀元前二一八年のクラウディウス法の定めに妨げられて、政界入りして元老院議員となることを断念してもっぱら商業によって致富することに志を定めた人びとであった。このころからかれらは騎士身分とよばれるようになったが、これらの騎士＝資本家層はさまざまな国家事業請負業務とくに徴税請負によって飛躍的に資本を増大させた。

このような道筋で、ローマ市民共同体の属州支配の果実の最大部分は、これらの官職貴族＝ノビレス層、騎士＝資本家層の手に集中されたわけであるが、かれらはそれらの支配の果実である貨幣をイタリアの農民が手放した農地の買い集めや公有地の先占に投下し、同じく支配の果実である大量の奴隷労働をそこに投入して、奴隷制大農場を経営した。商品生産への指向の強いこの奴隷制大農場ではオリーヴ、ぶどうなどの果樹が主として栽培されたが、これは大規模な奴隷労働使用の古典的な例として、アメリカ南部の綿花農場の黒人奴隷制と並んで世界史的に注目されたものであった。

4　内乱と社会構造の変化

グラックスの改革

以上の発展が示すように、征服と支配の結果は共同体の分解の急速な進行であった。こうした事態は、国防の主力を重装歩兵＝農民に頼っていたローマにとっては軍事力の低下を意味した。そのことをヌマンティア攻囲戦におけるローマ軍の苦戦にまざまざと目撃したノビレスの一人ティベリウス＝グラックスは、紀元前一三三年護民官に就任するや改革運動にのり出した。かれが民会に出した提案は、公有地先占面積を一人五〇〇ユゲラにかぎり、大家族のばあいでも最高一〇〇〇ユゲラとし、この制限以内は永久占有を認めるが、これを超えるものは没収し土地を失ったローマ市民に割り当てる、ということを骨子とするものであった。この案を通すためにかれは、それに反対する同僚護民官を民会で罷免させたり、アッタロス王家の遺領のなかの現金を新農民の仕度《したく》金に使うという本来元老院の管轄にある外交案件の決定を民会で決めさせたりする現存秩序の侵犯をあえてしたので、かれの土地法そのものは成立して実行に移されたが、かれ自身とその派約三〇〇名はスキピオ＝ナシカを長とする元老院の反対派の手にかかって殺された。

この案の実行はさまざまな困難に遭遇したが、なかでも、イタリア同盟市の富裕者はローマ公有地の先占を許されていたのでこの案による先占地没収の対象とされたのに、同盟市の土地を失った市民はローマ市民ではないからこの法案による土地割り当てにはあずかれない、という同盟市問題が最も重要であった。この問題をグラックス派は同盟市民にローマ市民権を与えることによって解決しようとしたが、これは民会によって反対された。

ティベリウスの改革運動は、紀元前一二三年に護民官となった弟ガイウス＝グラックスによってうけつがれた。かれは改革によって再建された農民層の保護をはかる法案を成立させるとともに、首都市民に市場価格以下の安値で穀物を配給することを定めた穀物法案と、アシア州のいっさいの財政収入を請負わせる入札をローマ市で行なうとする騎士優遇の法案、ならびに属州総督の在任中の苛斂誅求《かれんちゅうきゅう》（不当取得）を裁く法廷の審判人（陪審裁判官）を騎士の中から選ぶとする法廷法案とを、だき合わせ案として成立させた。前者はローマ市の貧民トリブスを改革の味方にするため、後者は騎士のケントゥリアを味方にひき入れるためであった。ほんらいグラックス兄弟の改革は、貧民に土地を割り当てることによって、私的土地所有の比較的均分の回復、共同体所有の不均等利用と、大土地所有者（私的所有の契機）による共同体所有の蚕食とを除去することをねらうという客観的意味をもつものであったのに、このガイウスのだき合わせ案は、貧民の首都における固定化を促し、騎士＝資本家層の資本蓄積を飛躍的に増大させるという客観的意味をもつもので、共同体の分解を逆に促進するという自己矛盾を犯すものであった。つまりこの措置は、改革を推進させる手段でありながら、改革の目的を自らふみにじるものであったわけである。ガイウス自身は、改革の前進のために再び提案した市民権法案もつぶされ、元老院の国家非常事態宣言によって任命された独裁官によって虐殺された。

運動の挫折のあとには、ガイウスのだき合わせ案の穀物法と騎士にかんする二法のみが残り、ともかくも実行されていた農地改革と土地割当の命運も迫っていた。紀元前一二一年、グラックスの割当地に加えられていた譲渡制限は撤廃され、新農地と農民は再び分解の波にのみこまれてゆく。前一一一年に成立した土地法は、ティベリウスの改革案に定められた法定面積以下の先占公有地を今後私有地と定め、それに加えてこんご三〇ユゲラ以内の先占地も私有地とすることを認めた。このようにして、私的所有の契機による共同体所有の蚕食はそのまま法的承認を与えられて私的所有の不均等発展は固定化され、また共同体の再分解を阻止するために加えられていたあらゆる制限が撤去されたことによって、共同体の分解は底なしに進むことになるのである。

百年の内乱

グラックス兄弟の横死は、百年にわたる内乱の開始を告げる警鐘であった。内乱のきっかけはマリウスの兵制改革であった。

紀元前一一三年、ゲルマン人のキンブリ、テウトネスなどの諸種族との相つぐ戦闘でローマ軍が敗北と全滅をつづけ、アラウシオ（今のオランジュ）で五軍団が全滅し八万人を失ったとき、重装歩兵農民の没落の軍事的結果は瞭然とした。平民出身の新人マリウスは将軍に任ぜられてから、貧民から志願兵を募り、これに武装を与えて軍団を編成し、一〇一年ようやくゲルマン人に決定的敗北を与えることができた。しかしこの新兵制は、兵士とかれに武装を与えた将軍との個人的結びつきを生み、政争はただちに軍事的対決に発展する直接的原因となった。

しかもこのとき、政治家は閥族派（オプティマーテス）と民衆派（ポプラーレス）との二つの流れにわかれて争うようになっていた。この争いは、上下に分解してしまったローマ市民共同体をたて直すとともに、地中海世界に対するローマの覇権獲得の戦功を争うための権力闘争であったが、この間において、閥族派で反民衆、反マリウスの恐怖政治を行なったスルラ、その部下でのちに民衆派に身を転じたポンペイウスなど有能な武将を輩出した。かれらは内乱のかたわら、ポントゥス王ミトリダテスとの長年の戦いをつづけ、ポンペイウスは紀元前六三年、ついにミトリダテスを自殺に追いこむとともに、アルメニア、シリア、アラビアの一部に至るまでの広大な領域をローマの事実上の支配下においたのであった。アレクサンドロス大王の遺領の大部分を領したセレウコス王朝は、特異な王権思想を進展させたが、西部では小アジアに諸小王国が独立し、東部ではバクトリアが独立するなど急速に領土を失い、やがてユダヤも独立してこのころには北シリアとキリキアのみを領する小王国と化していたが、ここにその二四〇年余の歴史を閉じたのであった。

このように内乱は巨大な外征とからみ合ったが、他面ではローマの支配の構造を変えるような大事件ともからんでいた。イタリアのローマ同盟諸都市はかねてよりローマ市民との平等の扱いを要求していたが、それが容れられないとわかったとき、反乱に総決起した。これがイタリア同盟市戦争（前九一―前八八）である。非常な苦境におちいったローマは、妥協と敵の切り崩しによって戦争を終わらせることができたが、それとひきかえにイタリア諸市の市民はローマ市民権を与えられることになった。つまり都市国家であるローマ市民共同体は今やイタリア半島全体に広がったのである。

それから二〇年のちにもう一つイタリア半島を震撼させた事件が起こった。それは剣闘士奴隷スパルタクスを首領とする奴隷反乱（前七三―前七一）である。紀元前二世紀の半ば以後、征服の進展につれて戦争捕虜の奴隷化が進み、今や奴隷制の最盛期を迎えていたが、それにつれて地中海地方各地に奴隷の反乱が続発していた。ことに紀元前一三〇年代には反乱が多く、シチリア、アテネ、デロス、ペルガモンなどではほとんど時を同じくして蜂起がつづいた。こんどのスパルタクスの乱は剣闘士という人殺しの専門家の乱であり、最盛時には四万に達する軍勢を擁し、しかもイタリアというお膝もとでの反乱であったから、恐ろしさの点では比類がなかった。この乱は将軍クラッススの率いるローマの正規軍の出動によってようやく鎮圧されたのである。

やがて民衆派カエサルが台頭する。かれは紀元前五八年いらい八年間にわたりガリアを平定し、ブリタニアにまで遠征の巨歩を進めていたが、ローマにあって閥族派と元老院側に寝返ってカエサル追討の戦備をすすめていたポンペイウスを討とうと、四九年、民会で認められている自らの管轄地域の境界であるルビコン川を渡って軍勢を率いてイタリアに攻め入った。ポンペイウスと元老院派はギリシアに逃げたが、翌年ファルサロスの野の決戦はカエサルの大勝に終わった。カエサルはそのあとでプトレマイオス王国をもローマの支配下におき、ミトリダテスの息子の再反乱をも一蹴したりして、地中海におけるローマの覇権を完成した。カエサルはローマ市民共同体が当面する危機をのりきるための抜本的施策を積極的に始めたが、独裁的傾向も強くなったので、紀元前四四年元老院議場で、かつてファルサロスの後、かれが大赦を与えたブルートゥスらの共和主義者の凶刃《きょうじん》に倒れた。

ここでふたたびローマの天下は混沌たる状態に陥ったが、カエサルの部将だったアントニウスがブルートゥスらの大軍をフィリピの戦いで全滅させ（前四二）て復讐を行なった。アントニウスはつづいて小アジア各地の再平定をはかったが、はからずもエジプト女王クレオパトラと熱烈な恋愛に陥り、彼女に勝手にローマの東部諸州を与えたりしたので、ローマではアントニウス討つべしの世論が高まった。カエサルの甥で遺言によって養子となったオクタウィアヌスが遠征軍を率い、紀元前三一年ギリシアのアクティウム沖で海戦し、アントニウスとクレオパトラ連合艦隊を敗走させた。二人はアレクサンドリアに逃げ帰って翌年自殺した。ここに百年の内乱もその幕をとじたのである。ヘレニズム諸王国中最大の富強をほこったプトレマイオス王朝も、国家の生産強制と独占に対する農民、労働者の反抗という基本的矛盾によってすでに紀元前二世紀いらい下降の一途をたどっていたが、ここに三〇〇年に近い歴史を閉じたのであった。

内乱期における共同体構造の変化

内乱期をつうじてローマ市民共同体の構造が変化したが、その中で特殊ローマ的性格がいっそう強くなっていった。まずマリウスの兵制改革が武装義務を土地所有から解放したことは、共同体がウェーバーのいう意味での民主政市民ポリスの類型に近づいたことを示している。しかし官職就任資格を含む完全市民権が土地所有から切り離されることはなく、そこにギリシアの民主政市民ポリスでは律し切れないローマ的特性があった。

それればかりではない。マリウスは自分で編成した無産者上がりの軍隊を戦争後解散し、退役兵に一人一〇〇ユゲラもの土地を与えてアフリカ、シチリア、アカイア、マケドニア、コルシカの各地に送り、植民市を建設した。つまり分解の結果生じた無産市民は、軍務の褒賞として土地を与えられ重装歩兵級農民に復活したのであり、こういう形で分解の復旧という

カエサル

逆運動が進められたのであった。

同じ植民政策は、つづくスルラ、ポンペイウス、カエサルなどの武将によって踏襲された。なかでもカエサルは退役兵への土地割当にとどまらず、グラックスいらい久しくかえりみられなかったローマ市の無産市民を植民に送り出す政策を再びとり上げた。そのためにかれは政敵からの没収地を利用しただけでなく、自らの財産で買った土地をもこのために使った。この結果、ローマ市の無産市民で国庫から穀物の配給をうけていた者の数は三二万人から一五万人に減じたという。こうして内乱期は植民活動の最も活発であった時期となり、これにより再び重装歩兵ポリスの類型に近づくかに思われるのである。

しかしながらこの過程でローマ的特性がふたたび色濃く現われる。第一は、共同体の復旧が遠隔地への植民によらざるをえなかったことに現われているように、共同体の復旧は共同体の拡大を伴わざるをえなかったことである。この拡大の必然性が、ローマの地中海世界にたいする支配を構造的に支えているのである。植民は共同体成員が外へ出ていく拡大であったが、外からの新市民を共同体に包みこむという意味での拡大もそれと並行してすすんだ。その最大のものがイタリア同盟市戦争後のローマ市民権付与であったが、植民に当たっても必ず現地人のある部分へのローマ市民権付与が行なわれたのであった。この開かれた市民権政策が、同じ共同体分解の危機に立ちながら、ローマをしてギリシアのようなポリス衰退の道をたどらしめず、分解をてこに帝国の構造的形成に成功させた最も重要な要因の一つであった。

第二は、これらの軍役を通じて再建された重装歩兵農民や、外から入った新市民が、将軍＝政治家のクリエンテス（子分）として民会で機能するよう巧みに工夫されたことであった。退役兵＝農民が民会に出たとき、自分に土地をくれたかつての将軍をパトロヌス（親分）としそのクリエンテス（子分）として票を投じたことは容易に理解できる。それを見こして退役兵植民市のトリブス指定は、パトロヌスたる将軍の選挙地盤の確保ないしは拡大に働くようつねに工夫が加えられた。同盟市戦争後の新市民にも、ときの政権掌握派であるマリウス＝キンナ派に有利なようなトリブス指定が行なわれた。つまり拡大による共同体の再建は、ローマ社会特有のクリエンテス的グループ形成に即して行なわれ、共同体の縦割り的編成を強化し増幅することによってのみ行なわれた、ということである。ただこの点でカエサルだけはちがっていた。紀元前四九年かれがローマ市民権を与えたポー川以北の諸都市と、それ以後のかれの植民については、トリブス所属について特別の工夫はこらさず、その多くを、すでに巨大化したトリブスに無造作に指定した。遠隔地に植民したかれらがローマ市の民会で投票権を行使することにたいする期待が、明らかに薄れ始めているのである。

第六章　ローマ帝国の支配構造

1　五賢帝時代と「ローマの平和」

元首政の成立

アントニウスとクレオパトラの自殺によって百年の内乱の終止符がうたれたあと、うちつづく内争、外征によって混乱に陥っていた共和政体の建て直しという大事業が残っていた。この新しい国制の基礎がすえられたのは紀元前二七年一月の元老院会議においてであった。このときオクタウィアヌスは「アウグストゥス（尊厳者）」という尊称を与えられ、帝国の海外領（属州）のうち新領土など約半分の統治を委ねられたが、カエサルが独裁者となって暗殺された失敗をくりかえさないためアウグストゥスは慎重に事を運び、残りの属州は元老院管轄として残し、自ら帯びる官職も共和政体の官職にかぎり、自分は共和政を再建したのだ、という政治的宣伝を広めた。かれの権限は、属州総督としてのプロコンスル命令権、護民官職権、コンスル命令権、といった共和政の権限であって、とくに「皇帝」といった地位を創始したのではなかったが、実際はカエサルから無比の財産をうけつぐとともに全軍隊に対する事実上の指揮権を握っていたうえ、穀物その他重要品の生産地として経済的に最も重要であったエジプトをほとんど私有地のように独占的に領有していたので、アウグストゥスの地位は「皇帝」とよんでも不思議ではないものであった。かれは市民の第一人者という程の意味をこめて「プリンケプス」とよばれたので、かれから始まる政体を共和政と区別して「プリンキパトゥス」（「元首政」と邦訳している）と呼ぶが、それは事実上は帝政の開始であった。

かれをついだティベリウス（在位一四—三七）の時代には、皇帝と元老院の関係が円滑を欠き、アウグストゥスの未亡人でティベリウスの義母リウィアが淀君《よどぎみ》的な勢力を振るったので、ティベリウスはローマの宮廷に嫌気がさして二七年以後カプリ島にひきこもってしまった。しかしこの時代の政治は全体としては属州統治と帝国官僚機構の整備をすすめて、帝国

アウグストゥス

ネロ

の基礎を固めることができた。辺境の軍事情勢も好転した。紀元九年トイトブルクの森でローマの三軍団がゲルマン人首長アルミニウスの軍勢に包囲されて全滅し、アウグストゥスの晩年の北部国境は暗雲がただよっていたが、いまや東ではユーフラテス、北部はラインとドナウを自然の国境として、安定した守勢を保つに至った。狂的な性格の持ち主のカリグラ（在位三七—四一）を挟んで四代目のクラウディウスにいたると、帝国の行政・財政組織は大いに整備された。

カリグラの妹アグリッピナの息子ネロがそのあとをついだ（在位五四—六八）が、かれはカリグラに輪をかけたような人物であった。母子相姦の噂さえあったその母を謀殺し、妃を蹴殺し、さまざまな暗殺や奇行に手をそめたネロの宮廷が隠謀の渦にみち、猥雑な風潮が広がっていたことは有名な語り草であるが、このネロを六四年のローマ市の大火の放火犯人とする噂を伝えるタキトゥスの『年代記』の記事は多くの人によって信じられてきた。そしてネロは、自分の罪をのがれるために、キリスト教徒を放火犯人に仕立ておびただしい数のキリスト教徒を虐殺した、とタキトゥスは伝えている。キリスト教はティベリウスの時代に東方ユダヤの地にユダヤ教を母体として生まれた新宗教であったが、パウロの伝道旅行などによってしだいに各地に広がり、ネロの時代にはすでにローマ市にもキリスト教徒の団体があったのである。

六九年、ネロの暴政を倒すために各地にあいついで四人の武将が皇帝として名のりをあげたが、このうち、たまたまそのとき大反乱（第一回ユダヤ戦争、第二回はハドリアヌスの時代）を起こしていたユダヤの鎮圧に派遣されていたウェスパシアヌスが最後に勝ち残って帝位についた（在位六九―七九）。ユダヤの鎮圧はかれの息子ティトゥスによってうけつがれ、七〇年エルサレムは完全に破壊されて百数十万の男女の住民が虐殺されたという。ユダヤ人はこれ以後祖国を追われて各地を流浪する民となるのである。いっぽう帝位はティトゥス（在位七九―八一）、ドミティアヌス（在位八一―九六）というウェスパシアヌスの息子

トラヤヌスの記念柱

ネルウァ

ハドリアヌス

マルクス＝アウレリウス

にうけつがれるが、専制的になったドミティアヌスの暗殺をもってこの王朝も断絶する。

ローマ帝国の繁栄

このあと元老院は六六歳の元老院議員ネルウァを帝位につけた。これから始まるネルウァ（在位九六―九八）、トラヤヌス（在位九八―一一七）、ハドリアヌス（在位一一七―一三八）、アントニヌス＝ピウス（在位一三八―一六一）、マルクス＝アウレリウス（在位一六一―一八〇）の五人の皇帝は、それぞれ前の皇帝によって養子とされて帝位についたもので養子皇帝などとも呼ばれるが、王朝の帝位継承にまつわる陰惨な争いや暗愚な息子の即位をさけて最良者を帝位に迎えることができ、この時代にローマ帝国は最盛期を迎えた。この時期

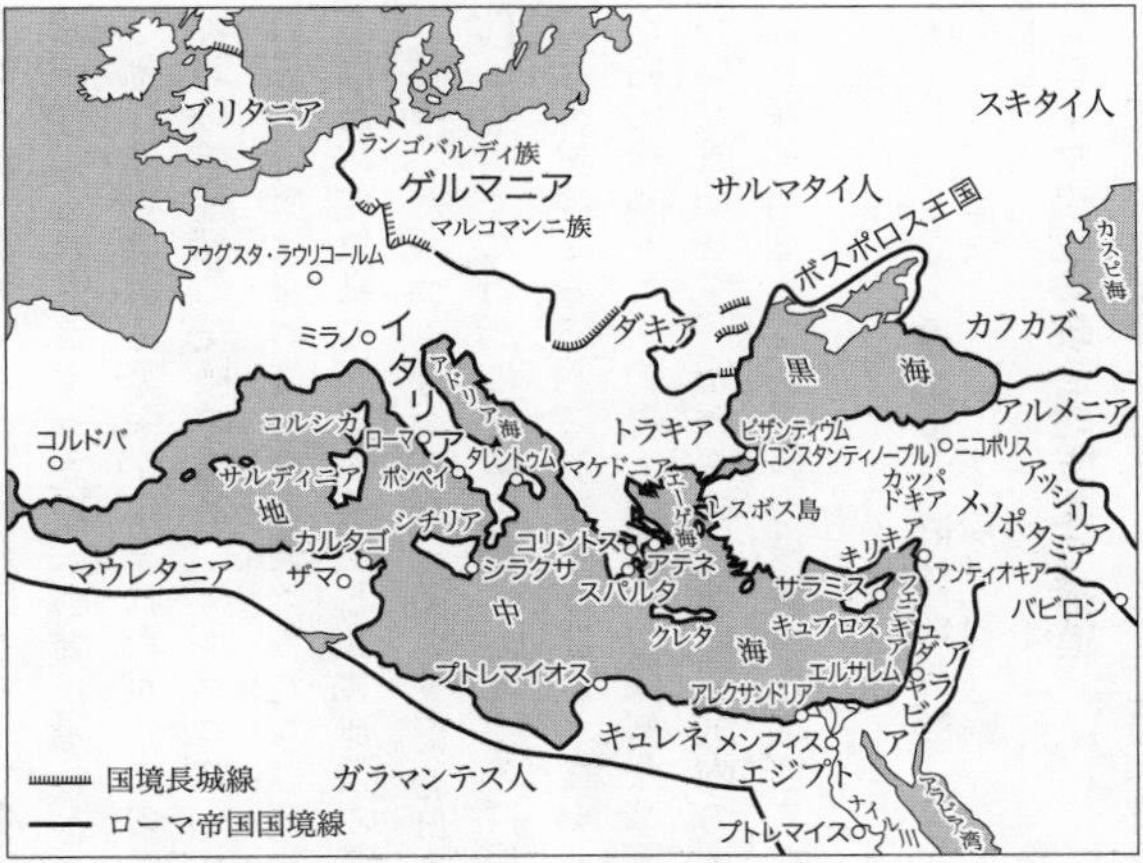

ローマ帝国の最大版図（トラヤヌス帝時代）

を古くから五賢帝時代とも呼ぶが、この時代の特徴は帝国領土の拡大と比較的平和であったことにある。ことにトラヤヌスは東方のナバテア王国を併合し、ペルシア帝国のあとにたったパルティア王国（安息国）の首都クテシフォンにまで攻め入り、ダキア、アラビア（ナバテア）、アルメニア、メソポタミア、アッシリアの新属州を追加し、アフリカではサハラ砂漠のふちまで進出し、タムガディー（今のティムガッド）などの都市をたてた。次のハドリアヌスは、全体として守勢へと対外政策を変更し、帝国各地を巡察して国境の守りをかため、ブリタニアでは「ハドリアヌスの城壁」を建設し、ゲルマニアでも長城（リメス）を強化した。

　こうして守られた帝国各地にはローマ風

の都市が多数たてられ、属州民もローマ文化の恩恵に浴し、またその有力者にはローマ市民権が与えられてローマ支配への同化がはかられた。ここに「ローマの平和」(パクス＝ローマーナ)と呼ばれる繁栄が生まれたが、この「平和」の中で商業活動が活発に行なわれ、帝国各地の特産品の交換のほか、ゲルマニア、インド、中国との貿易も盛んにすすめられた。これらの活動によって富を蓄えた人たちはそれぞれ故郷の都市の有力者となり、すすんで私費をはたいて故郷の都市の美化と公共施設の整備につとめたのである。

こうした「ローマの平和」のもとにおけるばら色の繁栄も、「哲人皇帝」マルクス帝の時代に至ってにわかにその色があせてくる。東部国境はパルティア軍の侵入をうけ、帝国各地には天然痘とみられる伝染病が広がっていちじるしい人口減少を招来し、ドナウ河中流地方からのゲルマン人の侵入はとくに深刻な事態を生んだ。しかもこれらのゲルマン人の撃退はついに成功せず、かれらの一部に帝国内の土地を与え、あわせて帝国の防衛に当たらせるという帝国始まっていらいの措置をとらざるをえなかった。

2　帝政と共同体の分解

ローマ帝国の政治的支配の構造

さて、このような紀元一、二世紀の経済的・文化的繁栄を生み出したローマ帝国の支配はどのような政治的構造をもっていたのであろうか。ローマの国家制度は、その領土が地中海世界全体を包摂するほどの大領土国家になった段階においても、都市国家時代のそれを少なくともたて前としては棄てていなかったが、それは、帝国の政治的支配が、ローマという一共同体国家による他のおびただしい諸共同体にたいする個別的支配という構造の上につみ上げられてきたものであったからである。この支配は端的に言えば、ローマ市民権保持者による非ローマ市民にたいする支配であり、ローマ市民共同体による多数の非ローマ市民共同体にたいする支配であった。ローマ市民共同体は支配共同体となったのである。

これだけのことであれば、たとえばデロス同盟を介してのアテネの支配とか、スパルタ市民共同体の支配とか、ギリシアのポリスでもみられたことであった。ギリシアとちがってローマの支配が史上未曾有なほど巨大化し永続した理由のおそらく最も重要なものは、支配共同体を閉鎖することなくたえず拡大した、ということである。しかも拡大が、植民という地域的拡散であればギリシア＝ポリスもそれを行なった。しかしこの場合でもギリシアの植民市は独立の都市国家となって母市から分離することによってポリスの閉鎖性のたて前が守られたのにたいして、ローマの植民市がローマ市のいずれかのトリブス（区）所属であった点は非常なちがいではあった。が、それにもましてローマ市民共同体の拡大は、ローマの支配に服する従属諸共同体内の支配的上層、ときにはその全体にたいしてローマ市民権を個別的あるいは集団的に付与してかれらを支配共同体にくみいれる、という形をとった。ギリシアにはなかった開放的な市民権政策である。

こうして地中海諸地方は、拡大しつつあるローマ市民共同体による数多の従属共同体（ローマ法的にいえば外人共同体であり、その成員は外人〔ペレグリーニ〕）の支配という構造にまとめ上げられることによって、地中海世界という単一の世界へと生まれ変ったのである。この構造の形成過程を支配共同体に即していえば、共同体の分解の阻止と復元のための征服と支配、支配の果実を利用しての支配共同体の拡大（外延的拡散）、支配の貫徹のための支配共同体の拡大（ローマ市民権付与による増大）、といった運動であったが、拡大が再び支配共同体の内部に分解を呼び起こすのである。同じ支配共同体所属者といっても、上は元老院議員身分クラスの巨大土地所有者から、下は手の職によってその日の糊口の資をうる下層民にいたるまでを含み、かつてのローマ市民の特権であった地租免除やローマへの上訴権などを享受する者は、今や支配共同体内部のほんのひと握りの人たちにすぎなくなっているのである。

元首政の共同体論的分析

帝政の成立は、支配共同体内の権力闘争の終結を意味していたから、その影響は共同体構造の変化となって現われてこざるをえない。

共同体内の権力闘争、すなわち百年の内乱は、有力武将＝政治家を頂点とし、クリエンテスや私兵と化した一般市民を底辺とする複数ピラミッド相互の争闘であったから、この争闘に勝ち残るためには、より大きなピラミッドを作り上げ、ピラミッド頂点と底辺との結びつきを強めなければならない。こうした競争の要因から、全体としての共同体の支配的上層と一般市民＝下層との紐帯《じゅうたい》は強まり、分解はむしろ抑制さえされた。このことは退役兵の植民、土地割り当ての例についてわれわれのすでに見たところであった。帝政の成立とは、このように競争し争闘する複数のピラミッドが、アウグストゥスの単一ピラミッドへと統合されたことを意味するのであるから、競争の契機の後退は必然的に上下の紐帯の弱化を伴わざるをえない。こうして帝政の成立は、支配共同体の分解をふたたび促進する方向に働くのである。

こうして進行する帝政期における分解は、いっぽうでは先にふれた拡大に必然的に伴う分解と、他方では共同体の頂点、すなわち皇帝とその権力機構すなわち軍隊と官僚制の漸次的整備・強化となって現われてくる。皇帝とその権力機構が十分に強力となり、共同体を媒介しなくともそれ自体で地中海世界にたいする支配を維持・貫徹することが可能となる段階に達すれば、皇帝を中心とする支配階級は支配共同体としてのローマ市民共同体を解体するであろう。そのような段階は紀元二世紀の間に到達したものと考えられる。そのように推定させる手がかりは、紀元二一二年にカラカラ帝が発したアントニヌス勅法とよばれている勅令である。この勅令は、ローマ帝国内のほとんどすべての自由人にローマ市民権を付与することを命じたもので、先ほどのローマ帝国の支配の構造で説明すれば、これによって従属共同体成員すなわちローマ法でいう外人（ペレグリーニ）がローマ市民権を与えられて、外人ではなくなったのである。これ以後、少数の例外を除いて、奴隷でない自由人はすべてローマ市民となった。ということは、ローマ市民権の有無を介してのローマ帝国の支配の構造、すなわちローマ市民共同体による従属共同体の支配という構造は、この勅令によって最終的にすてられたということである。すでにこれ以前において、皇帝を中心とする支配階級の地中海世界にたいする支配は、共同体を介する必要のないまでに強力になっていたからこそ、こうした措置が可能であったのであろう。

以上のように、ローマ帝国の政治的支配の構造は、自由人の間に、ローマ市民権との関係の濃淡によって重層的な身分構造を作り出すものであったが、ギリシアにあってもローマにあっても、自由人のほかに多数の奴隷が存在し、余剰労働の搾取をうけていたのである。それでは、ギリシア、ローマの世界にあって、政治的支配の関係と奴隷制的搾取とは、いかなる構造的連関にあったのであろうか。

3　奴隷制をめぐって

奴隷制とは何か

このことを考えるためには、ギリシア、ローマの世界における奴隷制の出現と発達の条件を考えておかねばならない。ここでいう奴隷制とは、土地、労働用具等の生産手段の所有者が、生産手段から完全に分離され、それゆえに不自由身分としての差別規定を与えられた人間を、したがってまたその労働力を、財産として所有するようなさまざまな形態の経済制度を指している。奴隷制はこのように、特定の形態における経済的搾取であるから、奴隷制が出現するためには、経済的搾取一般が可能な程度の生産力段階に到達していることがその基本的条件であるが、しかしそれに加えて被搾取者がまさに奴隷となる特殊な条件がなければならない。それは、多数の共同体が相互に排他的な国家として並存し、それらの間に国際法、戦争法規が未発達であるため、人間は戦争における降服その他の事情で自己の共同体の外に出たとき、他の共同体によっては生命財産を保障されない、という特定の段階における共同体関係である。したがって奴隷の本源的源泉は戦争捕虜であった。

ミケーネにおいてすでにそのような捕虜奴隷の存在が確かめられたが、奴隷所有がミケーネにおけるように王宮に集中するにとどまらず、共同体内部に浸透し、共同体成員の奴隷所有となって現われるためには、ポリス共同体における共同体成員＝個人の経済的自立をまたなければならなかった。そのような個人の経済的自立が実現し、それと並んで経済流通がさかんになると、奴隷は市場をとおって個人の所有にはいることになり、奴隷制の発達は購買奴隷制の形をとってすすむ。スパルタのように人為的に、スパルタ人支配共同体を生産労働と絶縁した戦士共同体として維持し、流通経済の共同体内浸透を阻止しえたポリスを別とすれば、購買奴隷制の発達は、共同体の分解の進行と並行してすすむ。それは、購買奴隷制は市民の貧富の差の増大を促進するかぎりにおいて共同体の分解を促進する要因となり、逆に共同体の分解の進行は購買奴隷の増大と集中を条件づける、というふうに、両者は相互規定的な条件となる。

こうして、ギリシア＝ポリスも、ローマ市民共同体も、基本的には奴隷所有者の共同体となる。共同体の分解の結果、下層市民の多くが現実には奴隷所有者ではなくとも、アテネのソロンの改革やローマの十二表法に具体的に現われているように、市民の債務奴隷化防止策が有効に行なわれえたかぎり、共同体の奴隷制的分解が阻止される。その結果、基本的な階級的搾取の関係は、共同体内の富者と貧者の間にではなく、共同体成員＝市民と奴隷の間にあったとみなければならない。かりに分解が紀元前二、一世紀のローマ市民共同体のようにはなはだしく、分解の一方の極にたくさんの奴隷制大経営が成立したような場合であっても、そのことに変りはない。

そこで、ギリシア、ローマの世界を、自由人である市民共同体成員の、奴隷にたいする経済的搾取が基本的な階級関係を規定していたという理由で、奴隷制社会とよぶことがある。そのさい、アテネ、コリントス、アイギナの奴隷数を数十万と伝えるアテナイオスの伝承から、奴隷数は市民人口をはるかに上まわる多数であったと考える推定が、この「奴隷制社会」論を支える重要な根拠になっていた。しかし今日の研究では、このアテナイオスの伝承はそのまま信用されるものではないことが一般に承認され、たとえば紀元前四世紀のアテネにおいては、市民数約三万、その家族を含めても約一五万、それにたいして奴隷数一〇万前後とする算定がしばしば行なわれている。購買奴隷制のきわめて発達したアテネですらこうであったとすると、ギリシア＝ポリス一般についてはなおさら奴隷数の過大評価をいましめなければならない。こうした認識の上にたって今日では、「奴隷制社会」論はもうすこし厳密な理論的概念規定をもって考えられている。すなわち、どのような社会にも複数の生産関係が並存するのが普通であるが、その中で経済制度としての奴隷制の上にたった生産関係が支配的であるような社会を奴隷制社会と規定し、しかも「支配的」という意味を、経済のその発展段階における基幹産業において「支配的」という意味にとり、したがってギリシア、ローマでは農業において「支配的」という意味にとる。このような理論的基準にしたがって考えて、ギリシアでは農業における奴隷制の発達は弱く、家事、育児などの家内奴隷、教師、手工業職人、鉱山労働者としての奴隷、さらには下吏としての国有奴隷などが優越していたから、厳密な意味での奴隷制社会というには当たらず、古典古代の中では、わずかにイタリアの紀元前二、一世紀が農業奴隷制の優越した時期として奴隷制社会の名にふさわしい、とされるのである。

ローマ帝国支配の階級構造

この時期におけるローマの地中海世界にたいする支配は、すでにのべたように、支配共同体としてのローマ市民共同体の、従属共同体（ペレグリーニ）にたいする支配であった。そして、支配共同体の母地イタリアを奴隷制社会と規定することが可能であれば、この時代のローマ帝国を、奴隷所有者の帝国と規定することも可能である。しかしながらローマの支配は、母地における奴隷制支配と、属州におけるペレグリーニ支配との二本の足の上に立っていた。ローマ市民が市民共同体を介して分配にあずかっていた支配の果実は、主としてペレグリーニ支配の果実であった。このペレグリーニ支配の果実は、個々のペレグリーニ共同体を奴隷制社会と規定することが実証的になしとげられないかぎり、奴隷支配の果実ということはできない。

そればかりではない。支配共同体の母地であるイタリアにおいて優越した農業奴隷制、すなわち奴隷制大農場経営は、ペレグリーニ支配の果実が資本投下されて成立したものであることは前にのべたところであるが、この奴隷制大農場経営が経済的採算の点で成りたちえたのはきわめて例外的な条件が働いた場合だけであった。それは、結局は採算だおれとなり、ペレグリーニ支配の果実とくらべて、その所有者すなわち共同体の支配的上層の手にさしたる果実をもたらすことなく終わったとみられるのである。そのことを反映して、紀元一世紀にはイタリアにおいても奴隷制農業と並んで小作制が現われ、やがてその重要性を増してゆくことが、コルメラの農業論（六一―六五年ごろの作）や小プリニウスの書翰（一世紀末から二世紀の初め）から読みとれるのである。それにつづくイタリアの農業の発展を史料的にたどることはできないが、おそらく奴隷制経営から小作制への移行はいっそうすすんだであろう。そして、二一二年のアントニヌス勅法によって、ローマ市民権保持者がペレグリーニと奴隷に対する支配の果実にあずかる形式である支配共同体の最終的廃棄が決まったとき、ローマ帝国は、共同体国家の擬制をすてたのであり、共同体の分解と並行して発達した奴隷制支配を基礎とする構造とは、いかなる意味においても縁を切ったのであった。

4　国家体制の動揺と変質

危機の時代

紀元二世紀のローマ帝国は、さきにもふれたように経済的、物質的には非常な繁栄を謳歌した時代であったが、このような表面の繁栄のかげにかくれて、いまのべたような帝国支配の構造の変質につながるさまざまな危機が進行していた。奴隷制経営を主体とした農業の生産様式がしだいに行きづまったことはすでにふれた。奴隷制大農場経営の生産品、とくにぶどう酒やオリーヴ油、イタリア特産の着色陶器などは、いずれも商品生産の性格を色濃くもっていたが、それらの消費市場として一般大衆の層が深く開拓されることがなかったという制約をもっていた。それらの商品の販路の最大のものは軍隊であったが、軍隊が辺境への異民族の侵入にそなえて属州に駐屯することが多くなると、古代における輸送手段の貧弱さゆえに、商品を辺境に送ることは経済的に不可能に近く、生産そのものが消費者たる軍隊に従って属州へ、やがては辺境の近くへと移動してゆかざるをえなかった。こうして属州はイタリア商品の消費市場たる地位から、生産地へとその性格を変えたのである。さらに、私的経済活動の起動力とは帝国の経済的中心たるべき地位からおりはじめていた。反対にイタリアなるべき資本形成も、国家事業請負というローマ最大の資本形成源が官僚制の整備に伴って涸渇すると、急速に萎縮してゆかざるをえない。これらのいわば帝国の内臓に巣食った病患は、二世紀後半における外患の発生とともに一時におもてに現われてくる。

これはまさにローマ帝国の危機であった。この危機をのりきるためには、市民的な自由や都市国家体制のさまざまな伝統にわずらわされることのない全く新しい型の皇帝が必要であった。それは、北アフリカの今日のトリポリのレプティス＝マグナ出身の皇帝セプティミウス＝セウェルス（在位一九三—二一一）において実現する。かれの妃ユリア＝ドムナはシリアの都市エメサの太陽神の神官の娘であった。ヨーロッパ以外の地の出身者がローマ皇帝の位についたのはこれが最初であり、これはまったくの外人王朝といってよい。

セウェルスの仕事は軍制の根本的改革で、それまでローマ軍の中でイタリア人が占めていた中心的な地位をイリリア人に与えた。そして軍隊と官僚に多くの特権を与え、これを背景に皇帝権力を強化したことがかれの事業の意味であった。この実力と強制力を背景に、経済構造の病弊の根元を除去するのではなく、強権的な統制経済とインフレ政策によって国家財政を救うというのがかれの仕事であった。かれの息子カラカラ（在位二一一―二一七）がアントニヌス勅法の発布者となったことはふしぎではない。それまでのローマの支配の体制が根本的に廃棄され、皇帝を中心にして軍隊と官僚の支配する領土的軍事国家がこれに代って現われたのであった。

セウェルス朝はさらにエラガバル（在位二一八―二二二）、セウェルス＝アレクサンデル（在位二二二―二三五）と続くが、それぞれ、母ユリア＝マエサとユリア＝ママエアとがこの二人の少年皇帝の摂政的地位に立った。このうち、エラガバルは即位まではシリアのエメサにある太陽神の大祭司であり、即位後その御神体である隕石《いんせき》をローマ市に搬入してパラティヌス丘に神殿を作ってそこに祀った。これはその太陽神をローマの最高神として帝権の宗教的支柱としようとしたものであった。この企ては失敗し、エラガバルの殺害後神石はエメサに戻されたが、この事件は、今や帝国支配にとって帝権の絶対化が必要不可欠と考えられ、宗教的イデオロギーを求めるまでになっていたことを示している。

こうした努力にもかかわらず、帝国の危機はますます進んだ。とくに二二四年パルティア王国のアルサケス朝を倒して新ペルシア王国を建てたササン朝が、往年のアケメネス朝の後継をもって任じ小アジアの全域の返還を要求してローマに宣戦したことは、以後のローマ帝国の歴史にとって重要な意味をもった。これと時を同じくして、ドナウ国境も北からの強力な侵入をうけ、混乱のうちにアレクサンデルは兵士の手にかかって殺された。これ以後ローマは北方のライン・ドナウ戦線と東方の両河地帯との二正面作戦をたえず強いられることになるのである。

軍人皇帝時代

これから始まる約五〇年を軍人皇帝時代とよぶ。この間に帝位についた者は二六人、一般的な承認をうけた者だけでも二二人、九年以上の在位者は絶無であり、大部分が軍人として出世し旗下の兵士による推挙のおかげで帝位をえた者であって、同じく兵士の手にかかって、あるいは対立皇帝との戦闘で、生命を失った者がほとんどである。今や文字どおり帝位は軍隊ないしは兵士の手の中にあった。こうした帝位の不安定は、連続的国政指導を著しく妨げるものであった。

その中で各国境は相つぐ侵入に襲われた。ドナウの国境には、ゴート、カルピ、ブルグンド、ヘルーリなどの各部族が毎年のように侵入し、ときにはギリシア南部、小アジアの奥地にまで劫掠《ごうりゃく》の手を伸ばした。二五一年のデキウス帝（在位二四九—二五一）の戦死はこの中で起こった。しかし、ガリエーヌス（在位二五三—二六八）、クラウディウス二世（在位二六八—二七〇）は相つぐ勝利によってこの危機の拡大を抑え、アウレリアヌス（在位二七〇

—二七五）はダキア州を廃し、その地のローマ軍とローマ系住民とをドナウ以南に移動させて守りを固めた。

ライン国境はアラマンニとフランクによって破られた。とくにフランクの一部はイタリアに侵入しローマ市近傍に達したが、ガリエーヌスがその退路を押えミラノ近郊でこれに殲滅《せんめつ》的打撃を与え（二五八または九年）事なきをえた。フランクはその後下部ゲルマニアからガリアを広汎に荒し、スペインに侵入し、三世紀後半には海路マウレタニアにまで達した。

東部国境もこれに劣らず危急を告げ、防戦に当たったゴルディアヌス三世（在位二三八—二四四）は戦死し、次のフィリップス＝アラブス（在位二四四—二四九）は多額の賠償金を支払ってこれと講和した。しかし二五三年に再び侵攻したペルシア軍はアンティオキアにまでも及び、全軍を率いて出撃したウァレリアヌス帝（在位二五三—二六〇）はペルシア軍の捕虜となった。

これらの各国境に対する攻撃がほとんど同時に加えられ、しかも帝国の国政指導に連続性を欠かざるをえない状況下で行なわれたことは危機の重圧を倍加した。巨大化したローマ帝国の防衛はただでさえ容易ではなかったのである。こうした中で、ローマの総督で司令官であったポストゥムスが二五九年に、全ガリア、ブリタニアにスペインの一部を加えて独立させ、二七三年に帰順するまでつづいた分離国家、三世紀末にカラウシウスが同じ地方にたてた分離帝国は、ローマ皇帝政府に楯をつく反面、異民族にたいする国境防衛を有効に果たしたのであり、このことは、巨大な帝国の統治と防衛にいまや分治が必要であることを示すものであった。同じような役割を演じたのは、オデナトゥス王（在位二六一―二六七）のもとに独立した隊商都市パルミラで、独自の弓騎兵とペルシアにならった重装槍騎兵によってペルシア軍をメソポタミアの彼方にまで追いやった。この王国は、王の死後女王となった王妃ゼノビアの時代に、アウレリアヌスによって滅ぼされた（二七二年）。

このときの決戦でアウレリアヌスはエメサの太陽神の加護によって勝利したという信仰をもち、これを国家最高神としてローマに移入してマルスの野に神殿をたて、祭司団を配して国家による祭祀を捧げた。かつて失敗したエラガバルの試みをくり返し、これをいっそう制度化したものであった。このように帝権を基礎づける支配のイデオロギーは太陽神に求められただけでなく、伝統にいっそう忠実にローマ古来の神々に求められることも多かった。帝国全体にたいしてキリスト教徒迫害を行なったデキウス、ウァレリアヌスや、最後の大迫害を実行したディオクレティアヌス（在位二八四―三〇五）の場合がそれであった。

危機の克服

このようなイデオロギー政策は、当事者にとっては危機の乗り切り策であったが、この例にみるように、深い危機の底の中で危機を克服する方策が模索されていった。とくに言及に値するものは、ガリエーヌスとアウレリアヌスであり、かれらの努力の分野が軍制改革を主とするものであったことは、この時代の危機の性格を如実に物語っている。ガリエーヌスの改革は騎兵隊を軍の主力としたことで、とくに各軍団の騎兵隊を集めて一定駐屯地に固定しない皇帝直属の機動軍を形成したことは、ギリシア、ローマの重装歩兵中心の戦術からの訣別であり、四世紀以後の軍制の基礎をおくものであった。アウレリアヌスはこれをさらに発展させ、ペルシア式の重装騎兵隊の増強をはかった。このほか、ヴァンダル、ユトゥンギ、アラマンニらの部隊のローマ軍への編入は、ローマ軍自体におけるローマ市民の減少とともに、四世紀にいっそう進行する軍隊の変質として注目される。アウレリアヌスはまたアラマンニのイタリア侵入の経験からローマに新たな城壁（アウレリアヌスの城壁）の建設にかかり、プロブス帝（在位二七六―二八二）によって完成されたが、この建設事業実施のためにとられた諸措置が強制国家への重要な一歩となったことも記憶されねばならない。

皇帝たちの危機打開策で最も効果を生まなかったのは経済の面であった。相つぐ戦費と軍事費は巨大な財政支出を迫ったが、皇帝たちは貨幣改悪と通貨増発をもってこれに応じた。そしてその結果はすさまじい物価騰貴であった。ところでインフレと物価騰貴によって苦しんだのは一般庶民よりもむしろ政府自身であった。というのは、国家の財政収入の大部分は、所得ないし収益に対する比例ではなく、定額であったため、収入は減少する一方であり、ために政府をさらに貨幣改悪とインフレに走らせた。さらに困窮した政府は、不当に安い価格による強制買い付けに訴え、それはしだいに強制徴発の性格を帯びるようになった。

兵士や役人の給料は大部分現物支給となったが、皇帝即位や戦勝のときには祝儀として贈与金の大盤振舞いがされた。そのための財源は都市に課された地金の徴収であった。兵士は戦争にさいして掠奪と搾取に訴え、役人は手数料や賄賂《わいろ》をとった。これらはいずれも農民や都市市民にとって負担となった。

こうして生じた一般的な荒廃や慢性化した疫病のため人口減少もすすんだ。減少した農業労働力を埋めるためにマルクス帝は数千人のマルコマンニの捕虜をイタリアに定住させ、ペルティナクス帝（在位一九三年）はイタリアと属州の荒蕪地《こうぶち》の開墾者に一〇年間の免税を与えた。プロブスは蛮人捕虜の大群を農地に定住させ、アウレリアヌスは都市領域内の荒蕪地の納税責任を都市参事会に課した。いずれも農業労働力の不足を傍証する。

ディオクレティアヌス、コンスタンティヌス（在位三〇六―三三七）によって確立される後期ローマ帝国のドミナートゥス体制は、三世紀の皇帝たちの試みのうちで効果的なもの、たとえば軍事、行政、皇帝イデオロギーなどを発展的に継承し、明らかに失敗であったもの、たとえば財政、税制、宗教政策等については大胆な、ときには一八〇度の転換を敢行したところにでき上った体制であった。そのとき、市民共同体を媒介したローマ帝国の支配の構造から、専制君主の権力機構と暴力装置による直接的強制を原理とする国家への移行が完成するのである。

第七章　ローマ帝国の支配のイデオロギー

1　平和の恵みと他民族支配

パクス＝ロマーナ

前の章で述べたように、紀元二世紀はローマ帝国が経済的、物質的に繁栄の絶頂にあった時代である。その繁栄の恵みは、パクス＝ロマーナ（ローマの平和）のおかげで地中海世界のすみずみまでゆきわたっている如くであった。その繁栄の恵みを古典的ともいえる筆致でうたっているものは当時のギリシア人弁論家アリスティデスがローマで行なった演説『ローマ頌詞《しょうし》』である。かれはおそらくローマ市民権を与えられており、ギリシア諸都市はもとより、エジプトに至るまでローマ帝国の各地を旅行して広い見聞をもっていた。

かれはいう。今や帝国いたるところに、柱廊、競技場、神殿、学校がたてられ、ローマ人の手によって多くのポリス（都市）が建設され、拡大された。蛮人もローマ人によって十分に教育されている。すべての人に一様に示されるローマ人の人間愛のおかげで、ポリスは光輝と恩恵に輝き、全世界はあたかも庭園のようである。道路や橋によって全世界すみずみま

コロッセオ

パンテオン

で開発された。ギリシア人や蛮人のすべての村々や川や港や技術が四季折々に生産したものが海陸から運ばれてくる。大地は今やホメーロスのうたったように「すべてのものの共通の大地」となった、と。

アリスティデスはこのように平和の恵みをたたえるが、それと同時に、この平和がローマ人の「支配」によってうちたてられたものであることを見落していない。アレクサンドロス大王は世界帝国を獲得したが、支配はしなかった、ローマ人は支配することを知った最初の人だった、というのはかれの名句である。しかもローマ人は文明の劣った蛮人をではなく、自分たちと等しく長い文化的伝統をもったポリスを支配した、という。なぜローマ人にこのような支配が可能になったのであろうか。それはかれらの支配の巧みさのゆえである。その巧みさとは次の点にある。ローマ人は全世界の人びとを、ギリシア人と蛮人とにわけるような分け方ではなく、ローマ人と非ローマ人にわけた。しかもローマ人は、ローマ人の枠を狭量に閉鎖することなく、賢明にも新しい成員を選び出してその枠を補う。こうしてローマ人のポリス（共同体）は、全世界の共同のポリスとなった。それゆえローマは本来のローマ人によって守られるだけでなく、各地の有力者、今やローマ人のポリスへと選び出された人びとによっても守られるのである、と。

アリスティデスがここでたたえているローマ人の支配の巧みさとは、まさにわれわれがすでに分析したところのこと、すなわち、市民権政策によって拡大されたローマ市民共同体による諸他共同体の支配という構造である。かれは的確にそのことを見抜いていたのである。

支配と平和

くり返しいったように、地中海世界をまさに一つの「世界」たらしめたものは、ローマの「支配」であった。その支配が「平和」の恵みを与えたものであった。しかしながらそれが支配であるかぎり、それが与えるものは恵みだけではない。いやむしろローマの支配の対極には、支配をおしつけられた諸民族の敗残と屈辱の姿があった。苛酷な徴税によって膏血《こうけつ》をしぼりとられた人びとの飢餓と貧困と絶望の姿があった。支配のために多くのローマ人の血

平和の祭壇（アラ＝パキス）より、アウグストゥスの家族が描かれた部分

が流されなければならなかったが、それとは比較にならないほど多数の、何百万、何千万という被抑圧民族の生命が失われていたのである。ローマ支配の歴史は、これら被抑圧民族の反抗と挫折の歴史でもあった。スペインに、ガリアに、ゲルマニアに、北アフリカに、小アジアに、シチリアに、ブリタニアに、東方に、服属民族は機をうかがって抵抗に立ちあがり、英雄的な戦闘に身を捧げた。それらを鎮圧したローマの軍事力もさることながら、ローマの外交はさらに巧みであり、宣撫《せんぶ》の術はいっそう老獪であった。その宣撫の役割を果たしたのが平和の恵みであったのである。

紀元一世紀末から二世紀の初めに多くの作品を残した歴史家タキトゥスに、かれの岳父の生涯を記した『アグリコラ』という小品がある。そこに、アグリコラが総督をしていた時代のブリタニアについてつぎのような記述がある。ブリタニア人はまだ長い平和によってその性格がやわらげられていないから狂暴である。しかしやがて平和によってかれらの狂暴性はやわらげられ、ローマの命ずる徴兵や貢税その他の義務を不平をこぼすことなく果たすようになる。かれらにとって平和はこれまでは、ローマの役人の不正や不公平が平気で行なわれる状態を意味していた。アグリコラは、これらの弊習《へいしゅう》をすべて根絶やしにし、寛容政策をとって、平和に立派な印象を与え、平和の魅力を示してやったのだ、と。

ではアグリコラが善政によってブリタニア人に示してやった平和の魅力とは何であったのか。それは神殿や市場や家を建てさせて快適な生活をさせること、つまりローマ的都市生活を導入してかれらに平和と憩いになじませることであり、教養学科つまりラテン的教養を子供たちに授け、服装にいたるまでローマ的風俗習慣に染ませることであり、さらにまた浴場や優雅な饗宴にふけってローマ的悪徳に誘うことであった。「これを何も知らない原住民は、文明開化と呼んでいたが、じつは、奴隷化を示す一つの特色でしかない」(国原氏訳以下同じ)とタキトゥスは喝破する。平和の本質とは、ブリタニア人にとっては奴隷化にほかならないことを、ローマ人支配層の一人であるタキトゥス自身、熟知していたのである。

平和と自由

このように、ローマの平和はローマの支配であり、平和の恵みは支配のオブラートであり、平和の受容は奴隷化にほかならない。それは地中海世界に生きた人びとの常識であったろう。そればかりではない。平和は、勇気と独立と自由の精神を失わせるものである。アグリコラはしだいにブリタニアの奥地の討伐をすすめるが、ついに兵をひきいてカレドニア（スコットランド）に侵入する。この攻撃を前に、カレドニアの諸部族はカルガクスという指導者を中心に大同団結し、三万以上の者が戦場に集まった。決戦を前にしてカルガクスが全軍を叱咤《しった》した演説として、タキトゥスは長い文章を伝えている。

まずカルガクスは、カレドニア人こそローマの専制政治によって汚《けが》されていない「自由と独立の最後の生き残り」だと指摘し、しかしこの秘境も今や危険になったとしてローマ人の侵略を次のように描く。「この地球の掠奪者ども（ローマ人）は、あらん限り荒らしまわって、土地がなくなると海を探し始めた。……もう東方の世界も、西方の世界も、ローマ人を満足させることが出来ないのだ。全人類の中で、やつらだけが、世界の財貨を求めると同じ熱情でもって、世界の窮乏を欲している。かれらは破壊と殺戮《さつりく》と掠奪を、偽って支配と呼び、荒涼たる世界を作り上げたとき、それをごま化して平和と名づける」。われわれカレドニア人の「愛する者らが、ローマの課す徴兵制度で奪われ、……妻や姉妹は、かれらの情欲によって……汚されている」。

それのみではない。われわれの生命すら奪われるだろう。「われわれの所には、耕地も、鉱山も、港もない。そこで畠を耕し山を掘るために、われわれの命を助けておく必要はないのだ。……隷属している者らの勇気や狂暴性というものは、統治者にとって厄介千万なものである。……命を容赦されるという希望は、もぎとられた。いまこそ勇気を出せ。生命にせよ、あるいは名誉にせよ、それをもっとも尊ぶ人らはみな、奮い立て。……自由と独立を守るために戦おう」。奴隷状態と平和を選ぶのか、それとも自由と独立のためにたち上がるのか、祖先と子孫のことを考えて今こそ決断しよう、とカルガクスは訴えてこの演説を閉じている。

民族の独立と自由がローマの平和と真正面から衝突すること、自由と独立のために平和と奴隷状態をたち切るべきだ、という戦闘の正当性の訴えがカルガクスの演説の内容をなすのにたいして、タキトゥスが追慕してやまなかったアグリコラの演説として伝えるものはまことに貧弱である。そこには遠征、征服、戦闘の正当性がいっさい語られていない。ただ勇気がけしかけられているだけである。タキトゥスはおそらく、もしできればもっと格調高く思想の深い演説を岳父に語らせたかったであろう。しかしそのような征服と支配の倫理と論理をその時ローマ人はもち合わせていなかった。ドミティアヌス帝晩年にローマ貴族に加えられた皇帝の恐怖政治を経験していたタキトゥスにとって、皇帝権力とその武力による自由の圧迫と道徳の退廃こそ時代の危機の真因と思われていた。ところがいまや、そのような武力支配による自由の圧迫は、罪のない弱小民族に加えられ、かれの岳父はその軍隊の将軍であり、かれ自身その加害者の一員である。カルガクスとアグリコラの演説を伝える筆の真実味はそこからくるのであろう。

支配の正当性

平和とは支配であり、支配とは破壊であり殺戮であり掠奪であり、平和の恵みすらもが支配の苛酷な現実の隠蔽《いんぺい》にほかならないならば、平和とは希求さるべき積極的な価値をなすものであろうか。支配の正当性の根拠があるのかないのか、の問題である。この問題はだれよりもまず、支配者ローマ人自身の頭を悩ました問題であった。

第三次ポエニ戦争を前にして、ローマの国論は二分したと伝えられる。一方はスキピオ＝ナシカの議論で、ローマにとっての脅威であるカルタゴを保全することこそローマの健全にとって有益であるとするものであったが、これにたいして大カトーはカルタゴの脅威を除去すべしとする論陣を張り、以後これがローマの戦争の正当化として常に前面に出される。外敵の脅威、すなわち危険な隣人は、ローマにとっても、またローマの同盟者や友邦にとっても除去さるべきである。ローマはその信義（フィデス）のために同盟者や友邦の保護をひきうけるべきであり、その目的のための戦争は正義の戦争であり、信義のための正義の戦争によって樹立される支配は正当である。これがローマ人自身の論理であった。

この論理を裏切らないために、ローマの歴史家はローマの戦争開始についての叙述にあたって工夫をこらした。外敵の脅威を除去するための防衛戦争、条約違反にたいする制裁戦争、友邦への攻撃の防衛を信義のゆえにひきうける戦争、そして紀元前二世紀はじめのシリア戦争いらいしばしばもち出されたギリシア人の自由と解放のための戦争。こういったものがローマの歴史家が描いたローマの自画像であった。

もとより現実はこの自画像のとおりではなかったが、かりにこの自画像のとおりであったとしても、外敵の脅威ないし危険は相対的なものであるから、外敵が脅威であると同時に、いやそれ以前に、ローマそのものが脅威的存在であったはずである。したがってこの正当性論ないし正義論は相対的なものでしかありえない。そればかりか、外敵の脅威は、ローマの支配の拡大とともに相対的な脅威であることをすらやめ、ローマそのものが絶対的脅威と化し、脅威の除去という戦争の正当性はローマにとってはまったく失われてゆく。タキトゥスの伝えるカルガクスの演説と比べたときにあらわとなるアグリコラの演説のみすぼらしいばかりの無内容、貧弱さは、まさにその段階のローマの戦争と支配とを反映するものであったのである。

2　支配のための宗教政策

支配のイデオロギー

ところで、戦争と征服と支配の正当性の根拠が薄弱となっても、あるいはそれがまったく失われても、ローマ人は支配の維持と貫徹にたいする自信を失うことはなかった。ローマ人にそのような自信を与えつづけたもの、地中海世界に対する支配をささえる体制イデオロギーとして機能したもの、それはローマ人の宗教であった。

ローマの宗教は、ギリシアの宗教のような神像とか神話や密儀を知らず、きわめて独特の特徴をもっていた。第一の特徴は、人間と神々との間にみられるものである。ローマ人にとって神々とはさまざまな自然現象や生活領域それぞれの背後にあってこれを支配し、意志と力によって自己を顕現する非人格的な諸力（ヌーメン）であるが、宗教とはそれらの「神々との平和」を維持するためにくり返される祭祀《さいし》、すなわち人間による供犠《くぎ》「行為」である。供犠行為を正しく履行すれば、神々はそれにたいする反対給付として恩恵を与えてくれる。宗教とはこのような交換条件的な心性に支えられる。ある宗教史家はそれを相互授受とよぶ。

ローマ宗教の第二の特徴はその共同体的特徴である。宗教の中心が供犠行為であったことに現われているように、それは個人の内心や信仰の問題ではなく、なによりも共同体＝国家の運命にかかわる問題である。市民は元老院の認可した神々の祭儀にだけ参加を許される。天や法の神ユピテル、植物や戦争の神マルスとクイリヌス、かまどの神ウェスタ、などがそれで、それらの神々には国家がそれぞれ固有の神官団をおいてその祭儀に責任をもつ。市民は、共同体＝国家に対する神々の恩恵、すなわち国家の繁栄と勝利を確保するために、国家神祭祀《さいし》への参加を義務とされるのである。すべての市民が一致してこの義務を果たすかぎり、神々の恩恵すなわち国家の繁栄と支配は絶対にまちがいはない、という自信がそこから生まれる。反対に敗戦や飢饉など国家の不幸は、この義務の懈怠《けだい》からくる、と信ぜられる。ローマ支配の拡大に伴い、征服地から外来の神々のローマへの導入も増加するが、元老院はそれらの神々のうち重要あるいは有力と思われるものを国家神に加えてそれらからの恩恵を期待したが、公安秩序、良俗に反すると思われたものは、たとえばバッカス祭儀のように強い規制を加え（紀元前一八六年）、キベレのように認可はしたがローマ市民の参加を禁じた。アウグストゥスの時代からしだいに定着した皇帝礼拝も、新たに加えられた国家神としての皇帝神にほかならないのである。

皇帝礼拝との関係でさらに重要なことは、アウグストゥス時代におけるローマ皇帝理念の成立である。百年の内乱の平定者としてかれは同時代の歴史家から救世主のようにたたえられたばかりか、詩人ウェルギリウスが歌ったように、かれは永遠の昔から約束された神の子であり、地上におけるロゴスの代表として悪を挫《くじ》き、諸国民に法と秩序と統一を与える課題をもった者とされた。今や国家祭祀への参加は、一面ではこうした皇帝理念の承認、皇帝支配への忠誠表明でもあった。人は内心で何を信じようと自由である。しかし国家祭祀への参加だけは、国家への神々の恩恵確保のため、皇帝への忠誠表明のため、市民の不可避の義務であると考えられた。国家宗教に行為をもって参加することは支配の永続の自信の源泉となり、体制イデオロギーの受容による忠誠表明でもあったのである。

キリスト教徒迫害の本質

ローマ宗教の本質が供犠行為にあり、供犠行為への参加が体制イデオロギー承認を意味すると同時にローマ帝国の繁栄の不可欠の保障であるとすれば、参加を拒む者にたいする措置は、参加を強制する、ということにならざるをえない。当時、そうした行為そのものを拒む人は、ユダヤ人とキリスト教徒だけであり、しかもユダヤ人の宗教は特殊な民族宗教として別扱いを許されていたから、実質的にはキリスト教徒だけが問題となった。キリスト教徒にたいするローマ政府の扱いをこの上なく具体的に教えてくれるものは、紀元一一〇年ごろビティニア＝ポントゥス州の総督であった小プリニウスが領内巡回中に訴えられてきたキリスト教徒の裁判についてトラヤヌス帝に報告し同時に皇帝に請訓《せいくん》した手紙と、それへの皇帝の返書である。

それによるとプリニウスは、キリスト教徒として訴えられてきた者のうち、それを肯定・自白した者は処刑し、否認した者は供犠行為によってテストしたうえで釈放したが、棄教者の取り扱いについて問い合わせている。プリニウスの考えは、かつてキリスト教徒であったとしても供犠テストによって棄教を証明した者は釈放したい、ということで、この釈放の道を開くために、キリスト教徒裁判は「名に付随する犯罪」に対する処罰ではなく「名そのもの」に対する処罰だという基本原則の承認を皇帝に求めている。かれは「名に付随する犯罪」行為は存在しないことを知っていて、裁判が「名」だけを裁くものなら、「名」を棄てれば釈放してもよいはずだ、と考えたのである。皇帝はその承認を与えた。

ではかれはなぜ釈放の道を開こうとしたのか。それは棄教者の続出と神殿の復興、異教祭祀の再興のためだ、とかれは言明する。つまりいわゆるキリスト教徒迫害の目的が、釈放の可能性を餌にして棄教者の増加をはかるものであったことが、この公文書によって明言されているのである。そして異教祭祀の再興はいうまでもなく、神々の恩恵によって営まれている人間の幸福と、とくに帝国とその文明の繁栄を永続させるためである。この迫害の論理は、二世紀末に哲学者ケルソスがキリスト教徒に対して書いた論争書の中にものべられている。キリスト教徒は何かを信じた、という肯定面のゆえに処罰されたのではなく、供犠をしない、という否定面が否定されたのである。

カタコンベの内部。ローマ

つまりキリスト教徒は、正確にいえば棄教を命ぜられたのではない。供犠を命ぜられただけである。プリニウスにあっては釈放のためのテストとして設定された供犠は、三世紀になると強制されるものとなる。四世紀初頭の迫害では、役人が拒むキリスト教徒をだきかかえて犠牲に手をふれさせ、それだけで供犠行為を行なったとして釈放した例が伝えられている。供犠の強要は、皇帝支配と体制イデオロギー承認の強制であり、ローマ支配永続の客観的保証を神々から強奪することであった。

3　キリスト教の「勝利」

キリスト教護教論の論理

このような論理構成をもった迫害にたいして、キリスト教徒の側は激しく応戦した。ユスティノスは、キリスト教徒は忠誠な臣民であり支配者にとって最良の助手であり同盟者である、と主張する。キリスト教の国家的有用性の弁護である。また、ケルソスの攻撃論を七〇年後に反駁したオリゲネスは論ずる。帝国が真の神の礼拝において一致するならば、主なる神はかれらのために戦い、多くの敵を倒すだろう。神々でなく、唯一の真の神の礼拝こそが帝国を一致させ強めるものだ。キリスト教徒こそ国家の繁栄に道を開くものだ、と。これらはいずれも、帝国に繁栄を与えるものは神々ではなく真の神であるから、真の神をこそ拝すべし、という趣旨で、迫害者の論理と同じくローマ的な相互授受の原理を前提にしたものであった。

キリスト教徒はこの主張の根拠として歴史をもち出した。キリストの福音がアウグストゥスの時代に出現したことが帝国の国威増大の原因である。したがって帝国の繁栄の永続のためにはキリスト教の保護こそ必要だ、と。この、福音と帝国との歴史的同時性の論理は、サルデスのメリトンの護教論であった。もちろんこうした相互授受的論理そのものの不当性を訴えた者もいた。たとえば二世紀末にテルトゥリアヌスは、ティベルが氾濫した、ナイルの出水が足りなかった、地震、飢饉、疫病が起こった、というたびごとに「キリスト教徒を獅子に」と叫ばれることの不当を訴え、これではいかなる不幸もキリスト教徒の供犠責任とされてしまうではないか、となじる。そのかれすらも、キリスト教徒が神に祈っている今こそ大きな不幸は減じつつあると主張する点で相互授受の論理の枠外に出てはいなかった。

このように迫害の論理と同じ構造をもったキリスト教護教論は、四世紀はじめのカエサレア司教エウセビオスにいたって体系化されるのであるが、キリスト教護教論が、帝国の幸・不幸、繁栄と衰退を起点としてその責任論を展開するかぎり、かれらもまた帝国の支配の正当性を不問に付するばかりか、支配と平和と繁栄の正当性を絶対的大前提としていたわけであった。その大前提に立って、キリスト教徒およびキリスト教思想が支配にとって有用だという論証、キリスト教こそが支配のイデオロギーとして適格だという議論を展開したのであった。さればこそ、エウセビオスが護教論を体系化したとき、キリスト教的ローマ理念、キリスト教的皇帝理念へと結実せざるをえなかったのである。キリスト教護教論が大前提とした支配の正当性にたいする疑問と批判と否定は、四世紀以後の発展をまたねばならなかった。さしあたって迫害と護教の論争は同じ論理構造をもったままで、いっそう激しい衝突をくり返すことになる。

危機の時代の迫害

すでにふれたように、二世紀後半以後北方国境に蛮族があいついで侵入し、国内では伝染病が蔓延《まんえん》して人口が減少し農業労働力の不足が目立ち、三世紀にはいるとササン朝ペルシアが帝国東部への攻撃をくり返すなど、さまざまな局面において帝国の繁栄をほり崩す多くの事件や徴候が現われてきた。この危機の時代を切りぬけるために、いっそうの熱心さをもって異教祭儀の執行がめざされることになる。

しかし、そのころまでキリスト教徒裁判について官憲側の一般準則とされてきたのはプリニウスとトラヤヌスの往復書翰で認められた原則であったが、このトラヤヌス原則に内在する論理的矛盾も批判されるにいたっていた。というのは、トラヤヌスはその返書で、キリスト教徒の「名そのもの」が処罰さるべきことを承認したが、同時に役人によるキリスト教徒の探索は禁ずるという一項を加えていた。「名そのもの」が犯罪ならなぜ罪人を追及しないのか、と批判された。またトラヤヌス原則の意図にしたがって、拷問が一般の裁判におけるように自白(この場合はキリスト教徒であることの自白)の強要のために用いられず、自白の否定、すなわち棄教の強要のために用いられていたことも、批判の対象とされた。いずれも、法律にくわしいテルトゥリアヌスの『護教論』で提起されている批判であった。こうした批判と攻撃を前にトラヤヌス原則の維持そのものが困難となったと考えられる。ことにローマ市民権をもたない者（外人）をローマ市民共同体の国家祭祀に参加を強要することについては、現実には行なわれえても、その法的基礎の欠如がマイナス要因として働いたはずである。

こうした行き詰まりを打開し、欠陥を除去して迫害の新しい局面を準備したものは二一二年のアントニヌス勅法である。なんどかふれたようにこの勅令は帝国内の全自由人にローマ市民権を与え帝国支配の構造に大転換をもたらしたものとして重要であるが、ローマ市民権付与というこの措置をとる理由として次のようにのべられている。自分は神々によって非常な危機から救われたので、その感謝のしるしとして、帝国内のすべての人びとを神々の祭壇に導くために、すべての人にローマ市民権を与える、と。これは帝位の安全を神々の祭祀に求める宗教的イデオロギーの表明である。皇帝としては、国民が全部一致して神々に供犠するように強制したい、そのためにローマ市民権を付与する、というのである。

この勅令の法的基礎があったからこそ、デキウス帝は二四九年全帝国のすべての人びとに供犠命令を発することができたのである。ときあたかも軍人皇帝時代、内乱と異民族侵入のあいつぐどん底時代であった。この危機をのりこえるためにとられた措置の第一が、太平洋戦争を前にして行なわれた「皇紀二千六百年祭」の国民精神総動員にあたるローマ建国千年祭（二四八年）であり、つづいて、国民全部のいわば伊勢神宮参拝を命じた趣旨の全般的供犠命令であった。役人の前で供犠した者には供犠証明書が下付され、拒否した者は処刑された。デキウス帝が二五一年に戦死したとき、キリスト教徒はそこに神の審判をみたのである。

デキウスの迫害は、二五七年ウァレリアヌスによって再開されたが、二六〇年かれがペルシアの捕虜となってのち、その子ガリエーヌスは迫害を中止し、以後約四十年教会は事実上の平和を与えられて「帝国内の帝国」に発展する組織を固めた。

三〇三年、ディオクレティアヌスのもとで「最後の大迫害」が突如はじめられ、西部でも二、三年、東部では三一一年以後まで断続的につづけられた。迫害の開始時に、副帝で迫害の首謀者であったとも伝えられるガレリウス（在位二九三—三一一）は、三一一年、寛容勅令とよばれる迫害中止令を発した。そこには、キリスト教徒迫害は神々の怒りを静めるために始めたのだが、キリスト教徒の神はその信者に迫害を耐えさせいわばその実在性を証明したのだから、国家の安寧のための祭祀はこの神にも捧げらるべきだ、キリスト教徒は国家と皇帝と自分たちのために自分たちの神に祈れ、と記されている。つまり、神々と並んでキリスト教徒の神も皇帝や国家のために祈る値打ちがあるものと認められたのである。相互授受の論理という共通の土俵の上でキリスト教徒の神の実在性を論証しようとしたキリスト教護教家の努力は、今ここにその一部が実ったわけであった。

コンスタンティヌス

つぎの一歩は、三一二年コンスタンティヌスがディオクレティアヌス退位後の内乱を収拾して西部を統一してまもなく、三一三年に発せられたミラノ勅令で行なわれた。この勅令は大迫害中に没収された教会財産の返還を命じたものであるが、そこには、最高神が国家と皇帝に愛顧を示してくれるように、キリスト教も含めて信教の自由を与えることで、こういう措置をとれば、神は皇帝の成功を永遠ならしめ、国家に繁栄を与えてくれるだろう、とのべられている。相互授受の論理に信教の自由の原則が結びついたのである。

そして最後の一歩は同じ年コンスタンティヌスがアフリカ州総督に与えた手紙の中にあとづけられる。この手紙はカトリック教会の僧侶に納税その他の対国家義務の免除を命じたものであるが、その理由として、最高神にたいする祭祀を軽んずれば国家は危機に陥り、この祭祀を重んずれば国家は繁栄することが証明されたから、カトリック僧侶に対国家義務を免除して祭祀に専念させて国家の繁栄を確保したい、という趣旨のことをのべている。ここにはじめて、相互授受の論理はそのままに、その土俵の上にカトリックの神がただひとり坐ることができたのである。神々との並存はすてられたのである。相互授受の土俵の上で神々と神の有効性をめぐる論争としてたたかわれてきた迫害と護教の対決は、後者の勝利に終わった。この「勝利」は、相互授受の土俵の上での勝利であったから、それはそのまま国家宗教、国家教会としての勝利であり、キリスト教が体制イデオロギーの地位を奪いとったことを意味するものであった。

第八章　ローマ帝国の衰亡

1　四世紀のローマとゲルマン

後期ローマ帝国

三世紀の危機を完全に克服し、ローマ帝国を新たな原理で組織し直したのはディオクレティアヌスとコンスタンティヌスで、ここに後期ローマ帝国が始まる。ディオクレティアヌスは帝国を四分して二人の正帝と二人の副帝によって分治する四分治制を始め、この体制で帝国の統一と防衛につとめた。その結果、ガリアでは農民・奴隷・下層民の反乱（バガウダエの乱）が鎮められ、ガリア北部とブリタニアにたてられていたカラウシウスの分離帝国が倒され（二九六年）、ペルシアからはアルメニアが奪回され（二九七年）、エジプトの反乱も平定されるなど、国内治安と辺境の安定に成功した。そのために国内諸制度も改革され、専制君主政の基礎がここにおかれることになった。

この基礎の上に独裁的な社会体制を確立した者がコンスタンティヌスである。ディオクレティアヌスが四分治制の約束にしたがって三〇五年に退位したあとに起こった内乱を鎮めて単独皇帝となった（三二四年）コンスタンティヌスは、北方国境でゲルマン諸族をたびたび撃退し、三三〇年ビザンティオンに新都コンスタンティノープルを開いた。ローマ市はすでに三世紀から実質的に帝都ではなくなっていたが、この新都の開設は、帝国の重心と繁栄が東に移ったことを物語っている。帝はまたさきにふれたようにキリスト教を公認し、ゲルマン人を帝国内に組織的に定住させて防衛をうけもたせるなどの新政策を始め、国家的強制を基本原理とする後期ローマ帝国の体制をうちたてた。

帝の死後、その三人の遺子や一族のあいだで内乱がつづき、その間に末子コンスタンス（在位三三七―三五〇）はガリアに立った簒奪《さんだつ》帝マグネンティウスに殺され、コンスタンティウス二世（在位三三七―三六一）が単独皇帝として残った。マグネンティウスの乱はまもなく鎮圧されたが、この乱やバガウダエの乱のためガリアは荒廃し、アレマンニの侵攻もこれに拍車をかけた。他方、東部戦線も危急をつげつつあった。こうした内憂外患を切りぬけるため、帝は東奔西走し、国内に対しては臣民の対国家奉仕義務を強制する体制を強めた。コンスタンティヌス死後の内紛で幼少のため一命を助けられたその甥ユリアヌスは、コンスタンティウスによって副帝とされアレマンニ撃退のためにガリアに派遣されたが、そこで軍隊におされて正帝を称し、ときあたかも病死したコンスタンティウスのあとをついだ。かれは異教を復興したり（そのため〈背教者〉とよばれた）、強制的な体制を弱めたりして復古政策をすすめたが、かれの治政が短かったので専制君主政の基本線は変らなかった。

「ゲルマン民族大移動」の開始

ユリアヌス帝はペルシアで戦死した。ここで再び国境の危機が深刻化し、バガウダエの乱が再発し、北アフリカにもフィルムスの乱が起こったが、ウァレンティニアヌス一世（在位三六四—三七五）とその武将の努力でそれぞれ鎮圧、撃退された。東部では危機はいっそう深刻で、ペルシアとの戦争のほか、コンスタンティヌス時代以来ドナウ南岸に定住を許されていたゴートが謀反し（三六五年）、それを鎮圧するための軍隊がプロコピウスを皇帝に擁立して反乱を起こした。これらの反乱はかろうじて鎮圧されたが、三七五年、フン族のヴォルガ渡河に押されて、約六万の西ゴートが定住許可を求めて南下し、さきに来住していた同族者たちもこれに加わって暴徒化し、その波はトラキア全土を洗った（三七八年）。迎撃した東帝ウァレンス帝（在位三六四—三七八）の軍は全滅し、帝もアドリアノープル付近で戦死した。これが一般にゲルマン民族大移動の開始とされる事件であるが、ゲルマン人の南下・侵入そのものは数百年も前から始まっていたものであることはすでにふれたとおりである。こうした戦時下に、国家は完全に軍事国家となり、万人は永久の徴発に服し、ほとんど蛮人出身者によって構成されるようになった軍隊と武将の利益が万事に優先するようになった。

トラキアに侵入したゴート人を撃退することはついに不可能であった。テオドシウス帝

（在位三七九―三九五）はかれらをドナウとバルカンの間に定住させてこれに自治を許した（三八二年）。同じようにパンノニアにはヴァンダルとゴートが定住を許され、ライン地方ではフランク族に帝国の防衛がゆだねられた。しかし三八七年にはパンノニア在住の蛮族は蜂起し、この地のローマ支配は終った。他方ブリタニアでは駐屯軍におされてマクシムスが謀反し、西帝グラティアヌス（在位三六五―三八三）を殺し、イタリアにまで侵入したので、ハドリアヌスの城壁も蛮族の手にわたった。マクシムスは三八八年アクイレヤに敗死したが、この間ペルシアに対してはアルメニアの大部分の割譲を余儀なくされるなど、帝国の衰運は決定的となってきた。

こうした衰運の一因はテオドシウスにあった。帝は国境の危急にあっても自ら出撃することをきらい、有能な武将を失脚させ、宗教の教理論争に熱中し、キリスト教を国教とする（三八一年）など、宗教政策に没頭した。そのうえ、治政は役人の腐敗のため不公平であったので、一般の不満は高まり、三九二年ローマの異教的貴族はエウゲニウスを擁立して乱をおこしたが、三九四年反乱軍はテオドシウスの率いる全軍に敗れて潰滅《かいめつ》した。

2　後期ローマ帝国の体制

後期ローマ帝国の国家形態

後期ローマ帝国は、それ以前をプリンキパトゥス（元首政）とよぶのに対して、ドミナートゥスとよぶ。それは皇帝の地位が、司法、行政、立法、軍事すべての権限をもつ専制君主（ドミヌス）となったことからの命名で、皇帝がキリスト教徒となってからは皇帝位は神の恩寵に基礎づけられて（キリスト教神寵帝理念）宗教的に聖化されるまでになった。

帝権の実力的基礎である軍隊の増強と軍制の改革には最も力が注がれた。総兵力は少なく見積って五〇万、多い推定で七三万余、元首政初期の約三〇万の倍増である。全軍を国境防衛軍と野戦機動軍に分け、騎兵の重要性がずっと増大させられたほか、編制、指揮系統が根本的に改められた。それにもまして重要なことはローマ軍における蛮人軍の防衛分担の増大である。ローマは隣接の蛮族と同盟を結び、かれらにローマ正規兵と同額の年金を一括して支払って国境防衛をうけもたせた。これらの同盟部族を辺境地帯に定住させ耕作と防衛に当たらせる方策は、マルクス＝アウレリウス帝についでプロブス帝によってもとり上げられたが、コンスタンティヌス以後それは恒常化した。ことにテオドシウスが三八二年にとった措置は画期的で、条約によって西ゴートはトラキアの北二州に防衛義務と交換に土地を与えられたが、自分たちの王と自治と独自の軍指揮権を許されたのは従来の慣例にないことであった。かれらはいわばローマ帝国内の独立国であったのである。コンスタンティヌスの新設した近衛軍（スコラエ）がゲルマン人のみによって構成されたことも同じ方向を示している。

巨大な軍隊の管理と帝国の統一的統治のため官僚組織が整備され、今や帝国はまったくの官僚制国家となる。全帝国は数個の道に、各道は数管区に、各管区は数属州に分かれ、属州は一〇〇に達した。これは綿密な統治を可能とするためのものであった。そして中央の宮廷にも地方にも高級官僚から下級官僚群まで組織化されていた。

巨大な軍隊と官僚群の維持や永続的な戦費のために税制が整備改革された。租税には元老院議員や都市参事会員層の納める財産税や商工業者の納入する取引税もあったが、中心はカピタティオ＝ユガティオとよばれる、地租と人頭税を一括した独特の農業課税であった。この課税のためにケンスス（戸口・財産調査）にもとづく徴税用の台帳がそなえられた。帝国の財政収入の大部分はこの税制に依存し、この台帳にもとづいて新兵提供を含むあらゆる現物賦課が行なわれたのである。

社会と経済

ところで、徴税用土地台帳に登録された労働力の登録地からの移動が禁ぜられたことから、農地を所有せず大所領内に借地してそこに登録された小作人（コロヌス）は、その大所領内の農地に縛られるという結果が生まれ、こうした小作人の農地への束縛はしだいに普及した。これが一般に土地着き小作人制（コロナートゥス）とよばれるものである。いっぽう、奴隷の農業における大量使用は激減し、農耕奴隷は今では農地から離して売却することを禁ぜられ、コロナートゥスと同じく農地の付属物となった。これらのほかに自由な土地所有農民がいたがしだいに貧困化し、大土地所有者の保護下にはいり隷属農民となる者も多かった。この傾向は西部につよかった。

農民的小土地所有を蚕食していたのは大土地所有者であったが、その最大のものが皇帝で、元老院議員がこれにつぎ、やがて教会がこれに加わった。三世紀までは迫害されたアウトローであった教会は、今や多くの特権を与えられ経済的にも支配層となった。これらの大土地所有の下の中規模の土地所有者の主要部分は、地方都市の有産層である都市参事会員（デクリオーネス）であった。かれらはこれまで帝国の繁栄を担ったエリートであったが、今やさまざまな国家的負担を負わされていた。とくに都市領域内の、放棄された土地をも含む全税額徴収の責任を負わされたことは痛手で、かれらは経済的に衰退の途をたどり、重荷に耐えかねて都市を逃げ出す者も続出したが、政府はその逃亡を禁じ、都市参事会員の身分を世襲化した。かれらの衰退とともに都市も衰微の一途をたどった。

身分の世襲化は都市参事会員やコロヌスに限られず、商人や手工業者も職種別の組合に世襲的に所属させられた。組合員の財産を相続した者の強制的組合加入、他の組合に所属する人との通婚禁止、組合員の娘と結婚した組合未加入者の強制的組合加入など組合にたいしてさまざまな規制を加えて組合の仕事遂行の確保をはかったが、同じように兵士の子は兵士に、役人の子は役人になるように定められ、こうして国家は国家に必要なすべての業務を、人びとを身分と職業に縛りつけることによって遂行していった。その結果、一種のカースト化現象が社会の全般に及んだ。このほか武器、煉瓦、貨幣、織物、染料など、軍隊や官僚への供給に必要なものの生産には国営仕事場が当たったが、その労働者もその身分を世襲とされた。

国家が生産と業務の確保に強制と統制を用いざるをえなかった直接の経済的原因は、通貨の改悪と通貨膨脹の結果である物価騰貴であった。ディオクレティアヌスが三〇一年に発布した最高公定価格令も効果なく、むしろ商品が市場から消える結果となって逆に騰貴を促進した。コンスタンティヌスが新たに作ったソリドゥス金貨は長く安定して国際的取引において信用されたが、小額貨幣の価値下落は破局的に進行した。税金は四世紀の間に貨幣で納められるようになったが、現物税の貨幣への換算率は国家の押しつけであったので納税者は苦しめられた。そのうえ国家が必要物資を買い付ける時は市場価格以下による強制買付けであったことも生産者を苦しめた。

以上のように後期ローマ帝国においては、国家的必要が最優先され、そのために社会経済のあらゆる仕組みが強制的に編成されていた。すくなくともたて前としては市民全体の利益と自由を優先させたポリス共同体の社会とは、それはまったく異質の原理に立っていた。そのような専制国家としてキリスト教的ローマ帝国は、四世紀には嵐の中にもなおその威容をかろうじて保っている観があったが、続く時代にゲルマン民族の圧力は破壊的な作用を働くようになる。

3　ゲルマン部族国家と東ローマ帝国の出発

五世紀の西ローマ帝国

三九五年、テオドシウスが死んで、そのあと帝国がその息子アルカディウス（在位三九五―四〇八）とホノリウス（在位三九五―四二三）によってそれぞれ東と西に分かれて統治されるようになると、西ゴートはふたたび移動と掠奪を始めるようになった。西の帝国では、ヴァンダル族出身の将軍スティリコが政治の実権を握ったが、かれの政策をめぐって東と西の政府が不和であったことは西ゴートの動きを助けた。四一〇年西ゴートがアラリック王にひきいられ、「永遠の都」ローマ市を占領し三日間掠奪したのは、それ以前の西ローマ政府と西ゴートとの長い外交交渉と戦いの帰結であった。しかも西の政府内ではスティリコが謀《む》反《ほん》の嫌疑をかけられて処刑され（四〇八年）、それいらい各地に簒奪帝がたち、政情は混沌として事態の拾収は困難をきわめた。これに助けられて、これ以後五世紀の間に、西ゴートは南西ガリアに、ヴァンダルは四〇六／七年にガリアを席捲してから長駆して北アフリカに、ブルグンドは東ガリアにそれぞれ定着、建国するにいたった。

これにたいして西の帝国は、ウァレンティニアヌス三世（在位四二四―四五五）の母ガラ＝プラキディアや将軍アエティウスらを中心に懸命にたて直しをはかり、アエティウスは四五一年ガリア中部にまで進出したアッティラ王のひきいるフンの大軍を、カタラウヌムの野（マルヌ河畔のシャーロン）の戦いで退けるなど奮戦につとめた。四五三年アッティラの死とともにフン王国は瓦解した。しかし、ヴァンダル王ガイセリック（在位四二八―四七七）は建国の余勢をかってローマ市を占領、劫掠し（四五五年）、皇族多数を捕虜とするなど、永遠をほこったさしものローマ帝国も蛮族の蹂躪《じゅうりん》するところとなった。

ことに蛮族定着地の増加によって政府と軍隊の維持は困難となり、ヘルーリ、スキラエ、ルギリ等の同盟部族が正規のローマ軍の代りをなしていた。しかし財政的窮乏はかれらに対する俸給の支払いをも困難ならしめたのであろう。かれらはガリアにおけるブルグンドや西ゴートに対してなされているような土地の三分の一の分割を要求した。西の将軍オレステスがこれを拒むと反乱を起こし、スキラエ人将校オドアケルをかれらの王として、オレステスを殺し、オレステスの息子で皇帝を称していたロムルスを廃位した（四七六年）。オドアケルはそのあと西の皇帝を推戴せず東の皇帝の権威を認める挙に出たので、西の帝位はこのとき消滅した。前の年オレステスが権力掌握に当たって追放した前の皇帝ネポス（在位四七三

―四七五）も、四八〇年ダルマティアで殺害され、ここに名実ともに西の皇帝は存在しなくなった。

この四七六年には、西帝国のほとんど全域がゲルマンの諸王によって支配される部族国家となっていた。ヴァンダル王ガイセリックはアフリカの旧ローマ属州全部と、サルデーニャ、コルシカ、バレアレス諸島、シチリアを征服していた。ブルグンドは北は上部ライン川、西はソーヌ、ローヌ川、南はデュランス川までその支配を拡げていた。西ゴートの領域はスペインの大部分と南西ガリアを包括し、ガリアではロアール、ソーヌ、ローヌにいたる領域を完成し、アルルとマルセイユをも占領してイタリアと境を接していた。ブルグンドと西ゴートの北には、ブリタンニとフランクの間にローマの将軍の息子シアグリウスの支配する飛び地があった。オドアケルの領域はイタリアとラエティア・ノリクムの一部に加えて、年金支払いと交換にガイセリックからシチリア領有を譲られたが、ラエティアの大部分はすでに蛮族の荒らすところであり、ノリクムも四八八年には完全に放棄された。

東ローマ帝国の出発

東の帝国はアルカディウスの子テオドシウス二世（在位四〇八―四五〇）にうけつがれた。「ゴート禍」はこの時代にも東の帝国を悩ませたが、やがてゴートの主力は西進し、フン族も再三バルカン半島を荒らしたのち西部に向かったので、東の帝国はことなきをえた。

テオドシウス二世の死後、東の帝位はアラン人アスパルの実権に左右され、その傀儡《かいらい》であるマルキアヌス（在位四五〇―四五七）、レオン一世（在位四五七―四七四）があいついで帝位についた。しかるにレオンはイサウリア山中の好戦種族の長ゼノンと結び、アスパルとゴート人部隊の追い出しをはかったので、国内のゴート人とイサウリア人との間に激しい内乱が始まった。けっきょくゼノンが帝位につき（在位四七四―四九一）、ゴート族はテオドリックにひきいられてイタリアに向かいそこで建国したので、東ローマは指導部と軍隊からゲルマン的要素を払拭し、国民に根をおろした新しい歩みを始めることができるようになった。

このように東では、ゲルマン人の侵入と定着が西のようにははなはだしくなく、小アジア、シリア、エジプトのような帝国で最も富裕な地方がほとんど無傷のまま保たれ、大土地所有者の農民に対する圧迫が西のようにひどくはなかったことなどがあいまって、東の帝国は激動の時代を切りぬけることができた。国内に、イサウリア山地種族のような、西ではゲルマン人が果たすことになる役割を演じうる若々しい人的資源に恵まれていたことや、コンスタンティノープルが難攻不落の要塞として、たえず補強されていたことも幸いした。

西の帝位が消滅していらい、東の皇帝は唯一のローマ皇帝として西のゲルマン人諸国家に対しても何かと宗主権をふるっていたが、この宗主権を現実の支配権に変え、ローマ帝国の故領を、ローマ皇帝の下にふたたび入れることができたのは、ユスティニアヌス（在位五二七

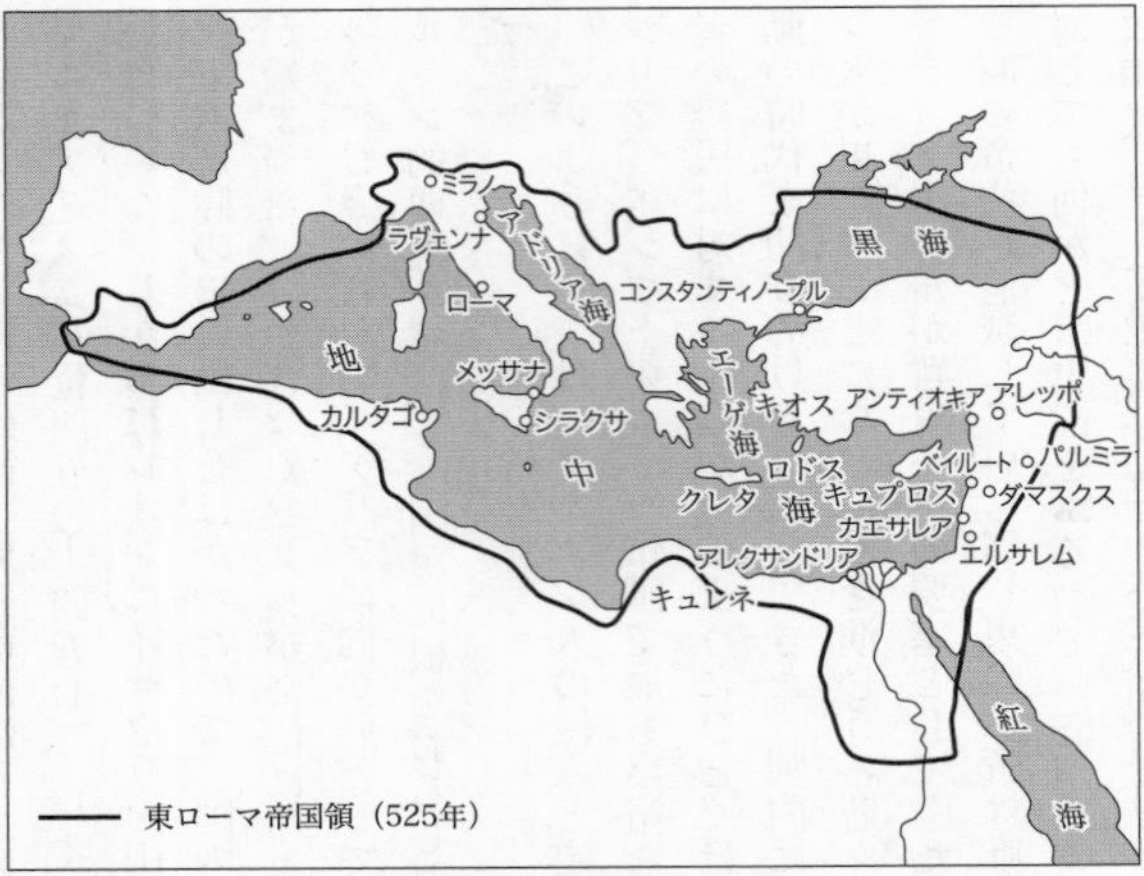

ユスティニアヌス時代の東ローマ帝国領

—五六五）であった。かれはベリサリオス、ナルセスらの名将を用いて遠征軍を送り、イタリアの東ゴート王国や北アフリカのヴァンダル王国を滅ぼし、スペイン南部をも帝国に奪回することができた。全スペインやガリアには手が及ばなかったが、ともかくも往年のローマ帝国に近い版図を回復できたのであった。しかしながらこれが最後の光芒であった。無理な外征がもたらした財政の窮迫を切りぬけるためにとった圧政は「ニカの反乱」をひきおこした。この反乱は賢明で美しい妃テオドラの沈着によってかろうじて鎮圧できたが、ユスティニアヌスが死んだとき、東のペルシアの脅威が増加しつつあり、帝国は新しい危機を迎えつつあった。やがて始まるスラヴ人、アヴァール人、ブルガリア人の移動と定着によって、東ローマ帝国は新しい段階にはいるのである。

皇帝と教会

後期ローマ帝国は、コンスタンティヌスのキリスト教公認と改宗から始まる、教会と帝国の癒着と相剋の歴史であった。この歴史を理解する鍵は、コンスタンティヌスのキリスト教公認とは国家の繁栄をうるためにローマ古来の相互授受の論理の枠の中で行なわれた出来事であった、という事実である。それゆえ、帝にとっては祭祀の一致すなわち教会内の一致がなければ神から恩恵を与えられるはずはないのであり、それでは体制イデオロギーとしての役目を果たさないことになるわけであった。ところが皇帝の期待に反して、公認と同時に教会内の分裂と論争がつぎつぎと表に現われてくるのである。四世紀にあっては北アフリカのドナティズム紛争であり、ついでは東の教会全体を動揺させたアリウス論争であった。ドナティズム紛争を解決するために皇帝は何度も公会議（教会会議）を開き、時には弾圧の挙に出たがドナティズムは消滅せず、アウグスティヌスの神学的論駁によってもアフリカ教会の統一は成らなかった。アリウス論争は、三二五年のニケヤ公会議によってアリウス説の誤りが決議されて解決したかにみえたが、この会議後数年のうちにアリウス擁護の反ニケヤ派の巻き返しが成功し、つづく皇帝も親アリウス派であったため、それから約五〇年、アリウス派による教会の一致をめざす皇帝の教会介入と弾圧がつづいた。こうした皇帝の教会介入にたいして、教会の中にもこれを喜んでうけいれる一群の人たちがいた。なかでもカエサレアのエウセビオスは、コンスタンティヌスは神の救いの計画の実現のために選ばれた神のロゴスの似像であり、かれの帝国は神の国の地上における模像だとするキリスト教的皇帝理念をつくり、教会にたいする皇帝の支配を正当化する基礎をおいた。この伝統は長く東ローマ（ビザンティン）帝国にうけつがれてゆく。

しかしながら、こうした皇帝の教会介入にたいして、主として西方の教会には教会の自由を主張する人たちが現われて、これに激しく抵抗した。なかでも、サルデーニャの農民出身でカリアリの司教ルキフェルの抵抗と批判は鋭かった。テオドシウスがニケヤ派の信条を基礎にしてキリスト教の国教化を行なってから、アリウス派の皇帝による教会介入は終る。そして西方教会の抵抗の伝統の上にたって、ミラノの司教アンブロシウスはテオドシウスにたいして、さまざまな機会にかれを批判し懺悔を要求する行為をくり返し、東方教会とはちがった精神的風土を作り出した。

五世紀にはいると、キリストにおける人性を強調するネストリオスの説と、キリストにおける神性を主張するエウテュケスの単性説をめぐって東の教会は再び論争をくり返す。この論争は四五一年のカルケドン公会議で、ニケヤ、コンスタンティノープル（三八一年）各公会議の線で一応落着したかにみえたが、論争と分裂はその後も長く尾を引いてゆく。この論争をつうじて、皇帝の教会介入はつづくが、こうした皇帝の教会にたいする優位権は、皇帝と癒着した首都大主教座の他教会にたいする優位権の確立という形で教会組織の中に定着されてゆく。首都コンスタンティノープル大主教は、三八一年に首都で開かれた公会議で、アンティオキア、アレクサンドリア、エルサレムより上、ローマ司教に次ぐ権威を与えられたが、カルケドン公会議ではローマと同等の権威を許されるに至るのである。これに対してローマ司教の首位権が確立されるのは、ローマ司教が東の皇帝から解放されるカロリング朝になってからのことである。

4　なぜローマは没落したか

ローマ理念

四世紀のローマ皇帝は祭祀の一致のために教会に介入せざるをえなかったが、かれらをしてその道を行かせた相互授受の論理は、当然に異教に対する制限と弾圧の道を走らせることになった。それはキリスト教が国教化されるはるか以前から始められ、異教祭司から特権が奪われ、神殿が破壊され、流血も珍しくなかった。こうしたキリスト教皇帝の攻撃の前に、異教の神々、ならびに長くそれと結びついて守られ伝えられてきた古典の学問・思想・芸術とを断固として保守することに自己の使命を感じた一群の人びとがあった。それはローマ市の元老院貴族、なかでもシンマクス家やニコマクス家を中心とした文化サークルで、すでに帝都ではなくなっていたローマ市の天的な使命と永遠の存続をたたえる思想がそこに形作られた。こうして「ローマ理念」は、帝国の衰退のときに異常な昂まりをみせるのである。

もともとローマ理念は、百年の内乱を平定したアウグストゥスをたたえその天的使命を歌うものとして、ウェルギリウスによって定型化されたものであったが、四世紀のシンマクスのサークルで、それは新しいよそおいで異常な熱意をもって復活されたのである。その典型は、ローマの拡大と支配をたたえ、ローマが被征服者をふところに入れ、市民とし、愛のきずなで結びつけたと歌い、ローマの権力に終りはないと断定した、詩人クラウディアヌスの讃歌であった。こうしたローマ理念は、異教的ローマにたいするキリスト教皇帝の迫害の不当性をうったえるための思想という意味をもっていたが、すでに帝国の体制イデオロギーという地位を自らに奪いとり、皇帝と癒着しつつあった教会の一群の人たちは、ローマ理念をも自らの領域の中にとりこみ始める。その最初は、さきにもふれた、帝国に摂理的地位を与えたエウセビオスであったが、しだいに定型化されるキリスト教的ローマ理念は、三八四年の劇的な事件で旧来のローマ理念と対決する。それは、元老院議場にウィクトリア女神の祭壇を復帰させてほしいとする請願を皇帝に行なったシンマクスと、それに反対したアンブロシウスの論争であった。この時に展開されたアンブロシウスの論陣をいっそう深め強化したものは、プルデンティウスが四〇一年に記した論文である。

ここでかれは、全ローマ史を神意によっておかれた目的に向かうものと歌っている。かれによれば、ローマに力と世界支配を与えたのはキリストであり、キリストは来臨の準備として世界統一をなさしめたのである。ローマ支配による愛と平和と正義の実現が、神を知る可能性を与えた。しかるにローマは神への服従を忘れ、この世に心を向けた。テオドシウスにいたって初めてローマはこの世への屈服から解放され、神意によって定められた本来のローマに新しく生まれ変ったのだ、とプルデンティウスは歌うのである。このようなプルデンティウスのローマをたたえる論は、サルデスのメリトンからエウセビオスをへてアンブロシウスにいたるまでつづけられてきたローマとキリストの関連づけの到達点であった。いまやローマは、かつてバビロンと罵倒されたローマの「支配」すらも、キリスト教の神の意志にそうものとして全面的に肯定されたのである。

支配と正義

ところが、このキリスト教的ローマ理念には一つの暗黙の前提があった。それは、悔い改めてキリスト教をうけいれたローマこそ、地上的永遠を約束するものだという確信であった。そのかぎりにおいて、キリスト教的ローマ理念もまた相互授受の論理と精神によってその存立が支えられていたのである。それゆえ、ローマの地上的繁栄と永遠という前提がなくなれば、このキリスト教的ローマ理念は存立の基礎を失い、動揺せざるをえない。プルデンティウスが歌ったとき、アラリックはスティリコによってまだ撃退されたところであった。

しかるにそれから数年、四一〇年のアラリックによるローマ占領と劫掠は、この暗黙の大前提をむざんにもたたきこわしたのである。

ここでふたたび異教徒の反撃が始まった。ローマの陥落は、ローマが神々への祭祀をすて、キリスト教の神に向かったことにたいする神々の罰だ、それはキリスト教徒のせいだ、と主張された。キリスト教徒も動揺した。もはや使い古した相互授受の論理では、これにたいする決定的な答えを出すことはできない。キリスト教的相互授受の論理そのものが現実によって破産させられたのだからである。そもそもローマの支配を神意としてたたえること自体が誤りであった。かつてカルガクスが叫んだように、ローマの支配をおしつけられた人たちは被害者としての実感で、支配は正義ではないことを知りつくしていたし、ローマ人自身、自己の支配が正義なることを論証し主張するために苦労したなかで、支配の不正・不当なることを心得ていた。その支配を、神意として肯定することは、あまりにも歴史の現実を知らないやり方であった。

支配が正義ではないことは、キリスト教思想の中ですでに議論が深められていた。それは、四世紀初頭のラクタンティウスが『神聖提要』の中で展開した正義論の中にみることができる。

ラクタンティウスは正義の根源を敬虔すなわち真の神の認識に見、正義の作用は公平、すなわち自分を他者と同等ならしめることにありとする。このような正義と公平の基準にてらしてローマ史をみると、唯一のサトゥルヌス神を拝した太古時代には正義と平和が保たれていたのに、やがて神々礼拝の導入とともに正義は絶滅した、とかれはいう。かれによれば、ローマ国民は合法的に不義を行ない、常に他人のものを掠奪し、ついに全世界をかちとったのであって、このようなローマ国家の利益に仕えること、すなわち武器をもって領土を拡大し、国庫を増大させることは、絶対に正義ではありえない。

それればかりではない。かれは、不義・不正なる支配者ローマはかならず滅びる、とその滅亡を予言するのである。かれはいう。このような大帝国が没落しても驚くには当たらない。死すべき人間の所業はかならずその命運にかぎりがあるものだからである。他のすべての帝国を圧する大帝国ローマは、大帝国にふさわしい大没落を遂げるであろう、と。これまでもローマの没落を予言した者もすくなくなかった。しかしながら、支配をおしつけられた者の反抗の叫びとしてではなく、国内の紊乱《びんらん》にたいする道義的警告としてではなく、あるいはユダヤ的黙示文学的予言としてではなく、宗教的呪咀としてではなく、理論的な正義論の体系の中で、支配は正義ではないことを論証し、しかも不義なる巨大な支配そのものであるローマの不可避の運命として没落を断言したのは、ラクタンティウスが最初であったと思われる。

地上の国から天上の国へ

四一〇年の事件をきっかけとして再開された異教のキリスト教攻撃に有効に答えるために

は、支配は正義ではないというこのラクタンティウスの認識の上にたち、かつそのうえに相互授受の論理から自由になった地平で、根柢的な議論を展開しなければならなかった。それをみごとになしとげたものが、アウグスティヌスの『神国論』であった。四一三年から一三年の歳月を費やして完成したこの書において、かれはまずローマの支配と繁栄の根源と意味を探ろうとする。かれによればローマの繁栄は、神々礼拝を、すなわち真の神からの離反(これを傲慢とよぶ)を、本質的原因とするところの、自己愛、支配欲、名誉欲によって生み出された戦争と侵略と支配にほかならず、したがってそれは罪の所産であり、それ自体にはなんら積極的な価値はない。第一巻から第三巻はそのことを具体的史実に則して実証しようとするローマ史批判であって、ローマ史が如何に倫理的な暗さにみちているかが描かれる。

そのことを基礎づける理論が、地上の国、天上の国(あるいは神の国)にかんする形而上学的思索である。地上の国は自己愛、支配欲、傲慢を本質的特徴とするもので、これに対して神の国を擁護しその優位性を示すことが『神国論』のテーマである。つまり、地上の国と神の国とは形而上学的対立物であり、地上の国の歴史的具象化がローマであり、バビロンである。このような地上の国の本質はその平和にある。地上の平和は、戦争における勝利と征服によってえられるものであり、地上の平和は支配と服従の関係にもとづく。このような支配と服従を本質としない平和が、天上の国の約束する平和である。それは神への愛であり、神の愛によって一致を保たれる交りである。神の国に所属し、天上の共同体の成員である信仰者は、地上を遍歴するあいだ、神への愛と隣人愛に生きるべきことを命ぜられ、また真実の天上の平和をめざして生きることを命ぜられている。にもかかわらずかれは地上を遍歴するあいだ、市民的生活を営むかぎり、窮極的価値をもたないところの地上の平和を、その有用性において利用することができる。このように論じてアウグスティヌスは、ローマの支配と、支配を本質とするパクス＝ロマーナの価値否定を断行すると同時に、無価値である地上の平和を、天上の平和への奉仕という有用性のゆえに、一定限度内で復権させたのであった。

アウグスティヌス。ボッティチェリ画

このようなアウグスティヌスの思想は、地上のローマとその帝国に対するぬきがたい愛を、地上のローマからひきはなし、ゆるぐことのない真のキリストの共同体へと向きなおさせようとするものであった。そのためにかれは、ローマ人を神の国か地上の国かの選択の決断の前に立たせることになった。これによってキリストの福音は、ローマ的な相互授受の論理によるローマ帝国の支配との野合から解き放され、個々の魂の決断をせまり、悔い改めを要求する聖書的な音色をふたたび響かせることになった。ローマの繁栄とローマの支配の永続が、神の恩寵の標識ではない。地上のローマは陥落した。それはそれでよい。それは滅ぶべくして滅びたのである。それが地上の国の運命である。しかしもしひとが神の支配と神の愛へと決断し、天上の国へとたえず心を向けるならば、かれが主体的に選びとった神の国は永遠に滅びることはないであろう。これが、地上のローマを失った者に光を与えた、新たな希望とはげましのことばであった。

ローマ帝国没落の原因

一つの世界としての地中海世界は、ローマ帝国の「支配」によって樹立されたものであり、ローマの支配が掌握した地中海商業交易圏によって現実化されたものであった。後期ローマ帝国の発展のあいだに、とくに五世紀の発展のうちに、東と西はしだいに別の道を歩み始める。ローマの現実的支配権もしだいに凋落《ちょうらく》する。七世紀の間にアフリカを手中に収めたイスラムの進撃が地中海商業交易圏の統一性を破壊する以前において、ローマの支配によってたがをはめられていた地中海世界は、すでに現実ではなかったのである。アウグスティヌスがローマの「支配」の価値を否定し、天上の国に最後の望みを託すべきことを教えたとき、地中海世界の理念的根拠を擁護することはすでに不可能だったのである。

それでは地中海世界はなにゆえに崩壊したのか。この最後の問題にふれる所にわれわれはきた。地中海世界がローマ帝国の支配によって樹立されたものなら、帝国の支配の消滅は地中海世界を解体させざるをえなかったはずである。とすれば、われわれの問いはまず、なにゆえにローマ帝国は滅亡したのか、を問うことになるであろう。いうまでもなくこれは、ローマ帝国没落原因論として古来、実にローマ帝国がまだ存続しているときこのかた、長く論ぜられつづけてきた問題である。そして没落の原因としてまことにさまざまな説明が加えられてきた。帝国の衰退は、神々礼拝をすててキリスト教徒の神に走ったからだ、という四世紀の異教徒が出した問題も、一種の没落原因論である。

近代、現代の科学的歴史学の枠内にかぎってみても、その説明の多様性は目をみはるばかりである。最も早くから出され、通説として今なお説かれるのは、ゲルマン民族によってローマ帝国は打倒された、とする外因論である。この外因論はしかし、このような単純な形だけではなく、外圧が帝国の内部構造を変質させたという形で、内因論と結びついていることも多い（ピガニオール、アルトハイム）。そして今日では、帝国の内部に滅亡の真因を求め、外圧ないしは戦争を副次的、偶発的とみる内因論の方が多く、その種類も雑多である。その中の一群は原因を人に求めるもの、たとえば人種混淆（フランク）、最良者（ないしは優性種）の絶滅（ゼーク）、人口減少（ボーク）、皇帝の無能（モロー）、といったものに真因を求めようとする。しかし他の一群は、人の要素あるいは人の意思には無関係な自然現象、たとえば地味の自然的減退（リービヒ、シグワルト他）、気候の変化（ハンティントン）に決定的要因をみようとする。このほか、アウグストゥスによる三軍団の縮小とか（コルネマン）コンモドゥス即位による養子皇帝制の終焉《しゅうえん》とか（フェルレロ）、二一二年のアントニヌス勅法（サルモン）といった単一の政治的事件に原因を求めようとする人たちもいる。

しかし内因論の中で、帝国の社会経済構造全体を問題にしようとする学説はそう多くはない。帝国の繁栄を「古代資本主義」とみて、古代資本主義の成立と衰退の条件の中に帝国の衰退の因をみようとするウェーバー、帝国の拡大を外延的市場獲得戦とみて、市場の外延的拡大が生産地をも属州に移動・拡大させ、中心的生産地たるイタリアの経済的下降が帝国の経済構造を崩壊させた点に原因をみるかに思われるロストフツェフ、内容的にはさまざまな変差はあるが基本的には奴隷所有者的社会構成の矛盾と崩壊、新しい社会構成への移行のなかに帝国崩壊の基本的要因をみようとする史的唯物論の立場にたつ歴史学、この三つが、その代表である。こんにち、ローマ帝国という一つの歴史的形成物が出るべくして出、衰退すべくして衰退して行ったことを科学的、理論的、実証的に説明し究明しようとするとき、この三つの学説を分析・分解し批判し、発想の根元から実証のすみずみまで検討して、そこからわれわれ自らの納得のゆく説明を作り出してゆく労をいとうてはならない。そのさい、それ以外の各種各様の外因論、内因論も、おのずからそれぞれにふさわしい位置を与えられるはずであるし、ときには批判し否定されることもあるであろう。そうした多面的な作業をすすめるに当たってのわれわれの立脚点は、いうまでもなく現代の日本であり、現代の世界である。現代世界が、歴史上かつてないほどの危機をはらみながら、グローバルな世界を日々現実化させているとき、われわれの問いと答えは真に世界的な視野のものであるはずである。

しかし、どのような理論によって説明されるにしても、つぎの一事だけはどうしてもぬぐい去ることの出来ない印象として残らざるをえないように思われる。それは、ソロモン＝カッツがいっているように、ローマ帝国はなぜ滅びたかを問うよりも、どうしてあれほど長く生きのびたのかを問うほうがふさわしい、ということである。三世紀以後の帝国、ことに後期ローマ帝国は、それ以前の遺産を喰いつないで生きていったのではなかろうか。強制と強権に訴えた国家とは、そのような遺産をできるだけ能率的に、余すところなく、さらには長く、使って生きるための国家体制であったのではなかろうか。

ローマ帝国の支配とは、ローマ市民共同体の拡大による支配であった。そのような支配の構造は、三世紀初頭以前においてすでに実質を失ったものになっていた。生命体として新陳代謝し復元力に恵まれた市民共同体はすでになく、あるものはかつてのそれの残骸であった。帝国はこれ以後、かつての生命体が作り残した遺産をくってゆくことになった。生命力にみちあふれ拡張と復元力をそなえた共同体は、今や帝国外の種族のものであった。新しい世界は、それらの将来をもち青春の生命にもえたぎった種族の共同体の運動の中から、作り出されていかなければならない。かれらが帝国内にはいり、帝国の死んだ共同体の残骸の中にも息を吹き込み、こうして再生された共同体をも新しい世界の形成へとまき込んでゆくためには、数百年の過渡期が必要であった。こうして地中海世界の残骸の中から、やがてゲルマン的ヨーロッパ世界、イスラム的アラブ世界、スラヴ的正教世界が形成され、ラテン的・ギリシア的地中海世界の残渣《ざんさ》はそれぞれそれらの中へと接木《つぎき》されてゆくのである。

参考文献

本書を読まれた方が、もう少し立ち入った内容のものを読むことを望まれた場合を予想して、次に基本的な日本語文献をかかげておく。

全体として地中海世界の発展をとらえる見方を教えるものとして必読の書は、次の二冊。

『古代社会経済史』(第13刷) M・ウェーバー著/渡辺金一・弓削達訳 東洋経済新報社 昭和四八年

『資本主義的生産に先行する諸形態』 K・マルクス著/手島正毅訳 大月書店・国民文庫 昭和三八年

また通史としてより詳しく、それぞれに特徴のある概説書としては、

『ギリシアとローマ』 村川堅太郎・秀村欣二著 中央公論社・「世界の歴史」2 昭和四一年

『ギリシア』 村田数之亮・衣笠茂著 河出書房・カラー版「世界の歴史」4 昭和四三年

『ローマ帝国とキリスト教』 弓削達著 河出書房・カラー版「世界の歴史」5 昭和四三年

がおもしろく読めるだろう。

さらに深く研究を進めたいと願う方におすすめできる本を、おおむね扱うテーマの時代順にあげておく。

『聖書以前』 ゴールドン著/柴山栄訳 みすず書房 昭和四二年

『古代文明の発見』 太田秀通著 講談社現代新書 昭和四五年

『ミケーネ社会崩壊期の研究』　太田秀通著　岩波書店　昭和四三年
『ホメロスの世界』　藤縄謙三著　至誠堂新書　昭和四〇年
『ホメーロスの英雄叙事詩』　高津春繁著　岩波新書　昭和四一年
『ギリシア世界の黎明』　太田秀通著　吉川弘文館　昭和四〇年
『スパルタとアテネ』　太田秀通著　岩波新書　昭和四五年
『ローマ帝国論』　弓削達著　吉川弘文館　昭和四一年
『ローマ帝国の国家と社会』　弓削達著　岩波書店　昭和三九年
『ローマ帝国』　ボールスドン著／吉村忠典訳　平凡社・世界大学選書　昭和四七年
『西洋古代の奴隷制』　フィンレイ編／古代奴隷制研究会訳　東京大学出版会　昭和四五年
『キリスト教の源流』　石原謙著　岩波書店　昭和四七年
『原始キリスト教史論考』　半田元夫著　清水弘文堂　昭和四七年
『ローマ帝国衰亡史』　ウォールバンク著／吉村忠典訳　岩波書店　昭和三八年
『ローマ帝国の没落』　チェインバーズ編／弓削達訳　創文社　昭和四八年

個々のテーマについて専門的な研究への手引きを望まれる方は、岩波講座『世界歴史』（1、2、3、7巻、昭和四四～四五年）所収の諸論文を読み、そこに引用されている諸著、諸論文に進まれるのがよい。

年表

西暦	事項
前二六〇〇頃	クレタ島に青銅器文明おこる。
二〇〇〇初	ヒッタイト人、カフカズを越えてアナトリア高原に侵入。
一九〇〇頃	インド＝ヨーロッパ語族、ギリシアに侵入。
一七〇〇頃	クレタ最盛期はじまる。
一六〇〇頃	ミケーネ文明はじまる。
一六〇〇頃	ヒッタイトのムルシリ一世、シリアに出兵。さらにバビロンに遠征し、ハンムラビのバビロン第一王朝を滅ぼす。
一五七〇頃	エジプト新王国時代、ヒクソス族を撃破し、南方ヌビアにも転戦して全土を統一、やがてナイル河第四急湍まで進出。北はシリア、パレスティナを通過してユーフラテス河上流まで遠征。
一四〇〇中頃	ミタンニ王国繁栄を誇る。
一四五〇頃	エジプト王トトメス三世の外征およそ一七回に及ぶ。北はミタンニ国から南はナイル河第五急湍までを版図に収め、オリエント世界の盟主となる。
一四〇〇頃	クレタ島のクノッソス宮殿焼失。
一三七五頃	ヒッタイトのスッピルリウマ一世、ミタンニを滅ぼし、シリアの諸小国を傘下に収める。エジプトから使節がくる。
一二八五	ヒッタイトのムワタリ王、オロンテス河畔のカデシュでエジプトのラメセス二世と戦う。
一二五〇頃	ミケーネの獅子門つくられる。
一二五〇頃	モーセに率いられたイスラエル人、エジプトを脱出。
一二〇〇頃	ドーリス人、ギリシアに侵入。
一一〇〇頃	ドーリス人、ペロポネソス半島に入る。
九九四頃	ダビデのもとに、イスラエル統一国家成立。
八〇〇頃～七〇〇頃	ホメーロスの叙事詩がつくられる。ポリスの出現。ギリシア人の大植民運動はじまる。
七五三	伝説では、この年ローマ建国とされている。

七〇〇頃　ヘシオドス、『神統記』『仕事と暦日』を制作。
六三二頃　アテネで、キュロンの反乱。
六二一頃　アテネにドラコン法が制定される。
七世紀末　エトルリア人がローマを支配する（～六世紀末）。
五九四　ソロンの改革が行なわれる（～五九三）。
五六一　ペイシストラトス、アテネの僭主となる（～五二七）。
五五九　キュロス王のもとに、アケメネス朝ペルシア興る。
五〇九頃　ローマで、王政が廃止され、共和政が成立。
五〇八　アテネで、クレイステネスの改革行なわれる（～五〇七）。
五〇〇　イオニアの反乱起こる。
四九五　平民、ローマ市を退去し聖山にたてこもる。
四九四　ローマで、平民会と護民官が設置される。
四九〇　ペルシア軍、ギリシアに侵入。マラトンの戦い。
四八六　ダレイオス死に、クセルクセス、ペルシア大王に即位。
四八〇　ペルシア軍、ギリシアに侵入。テルモピュライの戦い。サラミスの海戦。
四七九　プラタイアイの戦い。
四七七　デロス同盟の成立。
四六四　スパルタの大地震。ヘロットの反乱起こる。
四六二　エフィアルテス、アテネを民主化。ペリクレス登場。
四五四　アテネのエジプト遠征失敗。デロス同盟金庫をアテネに移転する。
四五〇　ローマで最初の成文法「十二表法」が制定される。
四四九　カリアスの平和（アテネとペルシア間の和平）。
四四五　ローマでカヌレイウス法の制定。
四四四　ソフィストのプロタゴラス、アテネで名声を得る（～四四三）。
四三八　パルテノン神殿が完成する。
四三一　ペロポネソス戦争が起こる。
四三〇　アテネにペストひろがる。
四二九　ペリクレス死す。
四二一　ニキアスの平和。

四〇四　アテネがスパルタに降伏してペロポネソス戦争おわる。三十人僭主の支配。
四〇三　アテネに民主政復活。
四〇一　キュロス、ペルシア大王に反乱。クセノフォンの脱出行。
三九九　ソクラテスの死。
三九六　ローマによるウェイイの攻略。
三八九（または三七八）　ウェイイの旧領域に四トリブスを設置。
三八七　ケルト人、イタリアに侵入しローマを焼く。
三八六　大王の和約。
三七八　アテネ、第二次海上同盟を設立。
三七一　レウクトラの戦い。テーベの覇権。
三六七　ローマで、リキニウス＝セクスティウス法の成立。
四世紀中葉　アテネで、イソクラテス、デモステネスら弁論家が活躍。
三四三　サムニテス戦争（〜二九〇）起こる。
三四〇　ラテン戦争（〜三三八）起こる。
三三八　ローマ、ラティウムを制圧。
三三八　カイロネイアの戦いで、マケドニアはアテネ、テバイ連合軍を破る。
三三八〜三三七　コリント会議でヘラス同盟を結成。マケドニアによるギリシア支配が確立。
三三四　アレクサンドロス大王の東征。グラニコスの戦い。
三三三　イッソスの戦い。
三三二　アレクサンドロス、エジプトのメンフィスに入城。
三三〇　アレクサンドロス、ペルセポリスを焼く。
三二七　アレクサンドロス、インドに遠征。
三二三　アレクサンドロスの死。
三一二　ローマで、非土地所有者を全トリブスに分散登録させる。
三〇四　ローマで、非土地所有者のトリブス指定を、都市の四トリブスに限る。
二八七　ローマで、ホルテンシウス法成立。
二八二　ローマ、タレントゥムと開戦。
二八〇　エピルス王、ピュルロス、タレントゥムに味方してイタリアに侵入。
二七五　ローマ、ピュルロスを追い払う。
二七二　タレントゥム降伏。
二六六　ローマ、イタリア半島の中・南部を完全に制圧。

二六四　第一次ポエニ戦争起こる。
二四二　スパルタ王アギス四世の改革（〜二四一）。
二四一　第一次ポエニ戦争おわる。ローマがカルタゴ領シチリア島を最初の属州とする。
二二七　クレオメネス三世、スパルタの土地改革を行なう（〜二二六）。
二一八　第二次ポエニ戦争起こる。カルタゴの将ハンニバルがアルプスを越えてイタリアに侵入。
二一六　カンネーの戦い。ハンニバルのカルタゴ軍、ローマ軍を全滅させる。
二一四　第一次マケドニア戦争（〜二〇五）。
二〇二　ザマの戦い。ローマの将軍スキピオがハンニバルの軍を破る。
二〇一　第二次ポエニ戦争おわる。カルタゴ降伏し、ローマが西地中海の覇権をにぎる。
二〇〇　第二次マケドニア戦争（〜一九六）。
一九七　ローマ、スペインに二属州を設置。
一九二　シリア戦争（〜一八九）。
一八一　第一次ケルティベリア戦争（〜一七九）。
一六八　ピュドナの戦い。
一五三　第二次ケルティベリア戦争（〜一五一）。
一四九　第三次ポエニ戦争起こる。
一四六　ローマ、カルタゴを滅ぼし、貿易上の競争者コリントを破壊、マケドニアを属州とする。
一三三　ペルガモン、ローマに遺贈される。
一三三　グラックス兄弟の改革（ローマ）。
一二九　属州アシアの設置。
一一二　ユグルタ戦争（〜一〇五）。
一一一　前一一一年の土地法成立。
一〇七　マリウスの兵制改革。
一〇四　マリウス、連年（〜一〇一）コンスルとなり、ゲルマン人と戦い、勝利する。
九一　イタリア同盟市戦争起こる（〜八八）。
八八　イタリア諸市の自由民にローマ市民権が与えられ、イタリアのローマ化はじまる。
八七　第一次ミトリダテス戦争（〜八三）。
八三　第二次ミトリダテス戦争。
七四　第三次ミトリダテス戦争（〜六四）。
ポンペイウスがこれを鎮圧。
七三　スパルタクスの反乱（〜七一）起こる。

六七　ポンペイウス、海賊掃蕩のための例外的命令権を与えられ海賊を絶滅。

六四　ポンペイウス、シリアを征服。ビティニア＝ポントゥス州、シリア州を設置、翌年ユダヤも従える。ミトリダテス自殺。

六〇　ポンペイウス、カエサル、クラッススの三頭政治。

五八　カエサル、ガリアを征服（～五一）。ライン辺境ブリタニアにいたる。

四九　カエサル、ルビコン川を渡りローマに進撃。

四八　ファルサロスの戦い。カエサルに敗れたポンペイウスはエジプトへ逃れるが、エジプトにて暗殺される。

四七　クレオパトラ、カエサルの力をえてエジプトの女王となる。

四四　カエサル殺される（ローマ）。

四三　オクタウィアヌス、アントニウス、レピドゥスの三頭政治。

四二　フィリピの戦い。

三一　アクティウムの海戦。

三〇　オクタウィアヌス、エジプトを征服。アントニウス、クレオパトラは自殺。プトレマイオス家三百年の支配おわる。

二七　オクタウィアヌス、元老院からアウグストゥスの尊称をうける。ローマ帝政のはじまり。

一三　平和の祭壇（アラ＝パキス）の建立（～九）。

二　アウグストゥス「祖国の父」の称号をうける。

※　　　※

後六　ユダヤ、ローマの属州となる。

九　ウァルス、トイトブルクの森でゲルマン人アルミニウスに敗れ、全滅。

一四　アウグストゥスの死。

三四　パウロがキリスト教に改宗。

六四　ローマ市の大火。ネロ、放火の罪をきせてキリスト教徒を迫害。ペテロ、パウロもこの間に殉教。

六六　ユダヤ人がローマの支配に対して反乱。

七〇　ティトゥスのローマ軍、エルサレムを破壊。

七九　ヴェスヴィオ火山が噴火、ポンペイと

八〇 ヘルクラネウムが埋没。ローマにコロッセウムが完成。
九六 ネルウァ即位。五賢帝時代（〜一八〇）はじまる。
一一七 トラヤヌス帝、アッシリアを属州とする。ローマ帝国の版図は最大となる。
一二〇頃 パンテオンが建造される。
一八〇 マルクス＝アウレリウス帝の死。このころよりローマ帝国が衰運に向かう。ゲルマンのローマ帝国内への移住も目立つ。
一九三 セプティミウス＝セウェルス、部下の軍隊に擁立され、皇帝となる。
二〇〇頃 アレクサンドリアでクレメンス、オリゲネスら活躍（〜二三〇）。
二一二 カラカラ帝、帝国の全自由民にローマ市民権を与える。
二一六 カラカラ大浴場が完成。
二二六 ササン朝ペルシア帝国興る。
二二九 ローマ、新興のペルシアと戦う。
二三五 軍人皇帝時代（〜二八四）はじまる。
二五〇 デキウス帝によるキリスト教徒への大迫害はじまる。
二六〇 皇帝ウァレリアヌスがペルシア軍に敗れ、捕虜となる。
二七二 アウレリアヌス帝、パルミラ王国を攻め滅ぼす（〜二七三）。
二八五 ディオクレティアヌス、帝国を二分。みずから皇帝（正帝）として東部を治め、マクシミアヌスが第二正帝として西部を治める。
二九三 帝国四分治制はじまる。
三〇三 キリスト教徒にたいする最後の大迫害はじまる。
三一一 ガレリウスの寛容勅令。
三一二 コンスタンティヌス、マクセンティウスを破る。
三一三 ミラノ勅令。
三二四 コンスタンティヌス大帝、ローマ帝国の再統一を実現。
三三〇 コンスタンティヌス大帝、ローマ帝国の都をビザンティオンに移しコンスタンティノープルと改める。
三七五頃 ゲルマン民族大移動の開始。
三八一 テオドシウス大帝、キリスト教を国教とする勅令を発布。

三九五　テオドシウス大帝死す。
三九七　アウグスティヌスの『告白』成る。
四一〇　西ゴート王アラリックが、ローマを陥れ、三日間にわたって大掠奪。
四一三　アウグスティヌス『神国論』の執筆開始。
四三一　エフェソス宗教会議でネストリウスが異端の宣告をうける。
四五二　アッティラのフン族、イタリアに侵入。
四五三　アッティラ死亡。
四五五　ヴァンダル王ガイセリック、ローマ市で掠奪を行なう。
四七六　ゲルマン人の傭兵隊長オドアケル、二歳の幼帝を廃す。
四八〇　ネポス帝の殺害。コンスタンティノープルにのみローマ皇帝位残る。
四八八　東ゴート、テオドリック王イタリアに西進。
四九三　イタリアに東ゴート王国建設さる。
五〇二　ペルシアとの戦争（〜五〇六）。
五二七　ユスティニアヌス、ローマ皇帝となる（〜五六五）。
五三二　ペルシアと「永久平和」の誓約。ニカの反乱。
五三三　ユスティニアヌスの派遣軍、ヴァンダル王国を滅ぼす。
五三五　東ゴート王国を滅ぼす（〜五五五）。
五四〇　ペルシア、「永久平和」を破棄。
五五三　コンスタンティノープル公会議。
五五四　東ローマ、スペイン南岸を西ゴートから奪取。
五六二　ペルシアとの「五十年の平和」。
五六八　ランゴバルド、イタリアに侵入。アヴァール、パンノニアに侵入。

解説　すぐれた歴史叙述は同時代を映す

本村凌二

この学術文庫版の元になった講談社現代新書版の発行が昭和四八年（一九七三年）。この年三月に私は一橋大学を卒業して、四月には東京大学大学院に進学した。あいにく東京大学ではこの時期、ローマ史担当の指導教官は空席のままだった。心細い思いがしたせいもあり、人づてで、東京教育大学助教授の弓削達先生の大学院ゼミに参加させてもらうことになった。

白髪まじりの弓削先生が教室の扉を開いて入って来られたときの颯爽《さっそう》とした姿は、今でもはっきり印象に残っている。大学院ゼミのテキストはドイツ語の原書で「永遠のローマ」に関するものだった。大学時代にドイツ語の手ほどきはうけていたものの、本格的な専門書を読むのは初めてだった。

毎週、辞書を片手に必死の思いで予習しなければならなかった。あるとき、die ausgehende Republik という言葉に出くわしたので、私は「過ぎ去りつつある共和政」と訳したのだが、先生は、それは「共和政末期」という用語です、と指摘された。なるほど、専門分野とは奥深いもので、たんなる逐語訳の浅はかさを思い知らされたのだった。

そのころ自分が師と仰ぐ方の本が出たのだから、これもまた必死に読みふけったのだ。そこにおびただしく引かれた赤鉛筆の痕跡を見れば、思わず笑みがもれそうになる。もちろん、大学時代に和書の専門書の幾冊かは目を通していた。だが、本書はギリシア・ローマ史の全体を見渡すものであり、手軽な分量で読みやすかったのである。

ところで、当時、弓削先生は東京教育大学の筑波移転に反対する立場におられたが、翌年、東京大学に移籍され、私にとっては名実ともに指導教官と仰ぐ方となったのだ。直前まではまったく知らなかったが、こよなく幸運なことだと喜び、身近に接してもらえるようになった。

そのような思い出に彩られた本書だが、読み物としての内容には、どのような特徴があるのだろうか。まず、その点について、いくつかのキーワードをあげながら、考えていきたい。

出発点となるのが、本書のタイトルでもある「地中海世界」という概念である。ここでは気候や風土という自然環境にのみ「世界」の成立を求めるわけではない。たしかに、夏季は高温で乾燥し、冬季は雨季があっても温暖であるという地中海性気候の枠組みは否めない。

だが、そのような自然環境がある種の公分母ではあっても、いわゆる「地中海世界」とは歴史世界として、ある時に成立し、ある時に崩壊したものであるという。

次に、このような「地中海世界」を形成した歴史の根幹にあるのは、ポリスなる「市民共同体」であるという理解がある。このような市民共同体はこれらポリスに属する市民の間の格差が、ほかの世界、とりわけオリエント世界に比べて、かなり小さいという特徴がある。線文字Bの解読によってギリシア人の集団であることが明らかになったミケーネ社会は、オリエント世界の貢納王政と類似した支配の型をもっていたという。しかし、このようなミケーネ社会が崩壊した後、数百年の混乱期のなかで生まれた社会では、その成員間の隔たりが小さく、絶大な王権ではなく、族長のごとき指導者に率いられていたという点が浮き彫りにされるのだ。

さらにまた、このようなポリス「市民共同体」の対極にあるもの、あるいは裏腹をなすのが、「市民共同体」の外側にある「奴隷制」の経済構造という見方である。しかし、そのような構造をして奴隷制社会と言えるかどうかを検討し、その問題をめぐって奴隷の数がかつて考えられていたほど多くはないと見なしている。この点では当時の研究動向をふまえた見解であったと言える。

ギリシアにあっては、ポリス「市民共同体」の平等性が民主政社会をもたらしたことは広く認められている。これに対して、ローマにおいては、この「市民共同体」のなかでも貴族の力が大きく、元老院貴族を中心に共和政が数百年にわたって維持されたことも否定できない。

ところが、民主政ポリスがそれほど長くつづかなかったのに比べて、共和政ポリスは都市国家の枠組みを超えて大きな覇権を築くことになった。この差異について、「帝政と共同体の分解」という視点から世界帝国の成立を論じていることは特筆される。これらの問題について、「支配のイデオロギー」を重視しながら、多民族支配や宗教政策を解明しようという点にも独自性があったのではないだろうか。

このようにして、広範な支配領域を巧みに長期にわたって支配したローマ帝国も、やがてキリスト教の浸透とゲルマン諸族の進出のなかで、滅亡の宿命を免れることはできなかった。そこでは、ただローマ帝国の滅亡のみならず、「地中海世界」の崩壊という世界史上の最大級の問題にも直面することになるのだ。

本書は、コンパクトながら、このようなスケールの大きい論点をふくんでおり、さらに昭和四〇年代という高度成長期にともなう歴史学界の研究動向と水準をきっちりとふまえた啓蒙書に仕上がっている。

もちろん、元の新書版の出版から半世紀近くを経ており、その後の歴史学研究の進展からすれば補うべき点も少なくない。その件について、解説者の気づくかぎりで、いくつかの問題を示しておきたい。

一つには、オリエントと地中海世界の関係について、とりわけオリエント文明がギリシア・ローマ文明におよぼした影響をめぐって、二〇世紀末以降、しばしば論じられるようになったことがある。広義では、地中海世界にオリエントをふくむ議論もあるが、本書はギリシア史とローマ史を一括りにしているので、この立場から整理しておきたい。

とりわけ、一九八七年にマーティン・バナールの『ブラック・アテナ』(邦訳は、片岡幸彦監訳、新評論、二〇〇七年)が出版され、大きな反響がおこったことは記憶に新しい。バナールの主張は、ギリシア文化の成立について、エジプトやシリア・パレスティナの影響も少なからずあったということ、さらに、ギリシア文化の独自性と考えられている点も一九世紀のギリシア独立戦争以後の古代ギリシアの理想化のなかで捏造されたことを中心としていた。このような論点をめぐっては、今日でも賛否両論があるが、オリエントの影響があったことは多くの研究者も認めざるをえないというところである。

次に、戦後三〇年近くを経て、歴史学のまなざしが政治史・経済史だけではなく、社会史や生活文化史にも向けられるようになったことが挙げられる。その点では、国政や共同体を重視する本書は従来の主流派にのっとる興亡の歴史叙述であると言える。しかし、この問題について、弓削先生は十分に自覚しておられたようで、翌々年(一九七五年)に河出書房新社から出版された「生活の世界歴史」第四巻『素顔のローマ人』(のちに同タイトルで河出文庫）において、「生活史ないしは社会史のはしりの一つ」と述べておられる。それは、ローマ人の息づかいを聞こうとした「心の歴史」の試みであっただろう。ただし、このようなローマ人の心あるいは精神のあり方をローマ帝国の社会構造のなかにどのように位置づけていくか、それは今後の課題とされている。

三つ目として、グローバル化する世界との関わりがある。もちろん、本書においても、「グローバルな世界を日々現実化させている」という表現はある。しかし、一九八〇年代以降における通信機器の発展、それにともなう金融経済の統合化などを体験した現代人は、アナログとデジタルを対比させ、とてつもないグローバル化が進展していることを実感している。この空前のグローバル化は歴史に投影したとき、どのような意味をもつのだろうか。古代の地中海世界にあっては、アレクサンドロス大王の東征以降に生まれたヘレニズム世界と重ね合せることによって、示唆するところが大きいのではないだろうか。

ヘレニズム文明の誕生と浸透は、それに覆いかぶさるように形成されたローマ帝国と「ローマの平和」を考える上で、これまで以上に注目されてもいいだろう。グローバル化は拡大のみならず深化という点でも、並々ならぬ意味をもっている。この数十年の実感は歴史に新たな意味を問いかけているのだ。

最後に、「古代末期」についての新しい見方が浮上してきたことにも言及しておくべきだろう。本書では、「後期ローマ帝国」あるいは「ローマ帝国の衰亡」として語られる時代であるが、この数十年来、「地中海世界」あるいは「地中海文明」の「変容」として論じる「古代末期」研究が大きな潮流となっている。その動向は、たとえば、二〇〇八年以来、毎年二冊のJournal of Late Antiquityが発行されていることでも象徴されるにちがいない。

この背景には、三世紀後半以降、一方でキリスト教による一神教世界が生まれつつありながら、他方ではローマ帝国の分断があり、諸部族勢力の抬頭がありという複雑な歴史様相が目につくようになったことがある。それは、この時期を「後期ローマ帝国とその衰亡」として捉えるよりも、国家・経済・社会・宗教・文化などが変容する生態として理解しようとすることにほかならない。

弓削先生の学風は、史料の精緻な分析に支えられながらも、骨太の論理をもつ広角の視野にあったのではないだろうか。卓抜な構想力にもとづいて新しい歴史像を開いていくところに本領があったように思う。もともと古代末期の精神史、とくにキリスト教の発展と異教との交渉が興味の中心であったという。そのためにローマ帝国の国家体制と社会構造をめぐって考察することになる。その関心の平明な解説が本書の魅力となっているのではないだろうか。

人文科学としての歴史書は、自然科学と異なり、ときとして芸術作品に近いところがある。しばしば「すべての歴史は現代史である」と言われる。本書でも、「現代世界の姿が二重写しになって私の眼底に焼きついていた」とか、「歴史の概説書ではない……自分の身の廻りを見まわし考えめぐらしながら……書いた今日の歴史である」とか記されているのは、まさしく同時代を反映した歴史叙述としての作品でもあるからだ。

芸術作品は古いからといって顧みられないわけではない。それと同様に、歴史書もすぐれた作品として堪能することができる。本書にはそれだけの価値が備わっている。

（東京大学名誉教授）

ハ行

マ行

ヤ行

ラ行

人名索引

ア行

カ行

サ行

タ行

タ行

ナ行

ハ行

マ行

ヤ行

ラ行

事項索引

本書の原本『新書西洋史②地中海世界——ギリシアとローマ』は、
一九七三年に小社より刊行されました。

弓削　達（ゆげ　とおる）

1924年，東京生まれ。東京商科大学（現・一橋大学）卒業。東京大学教養学部教授，フェリス女学院大学学長等を歴任。2006年没。著書に，『ローマ帝国の国家と社会』『ローマ帝国とキリスト教』『素顔のローマ人』『永遠のローマ』『歴史学入門』『歴史家と歴史学』『ローマはなぜ滅んだか』ほか多数。

講談社学術文庫

定価はカバーに表示してあります。

地《ち》中海《ちゅうかい》世《せ》界《かい》

ギリシア・ローマの歴史《れきし》

弓《ゆ》削《げ》　達《とおる》

2020年1月10日　第1刷発行

発行者　渡瀬昌彦
発行所　株式会社講談社
東京都文京区音羽2-12-21 〒112-8001
電話　編集（03）5395-3512
販売（03）5395-4415
業務（03）5395-3615
装　幀　蟹江征治
印　刷　株式会社廣済堂
製　本　株式会社国宝社
本文データ制作　講談社デジタル製作

ISBN978-4-06-518344-1

「講談社学術文庫」の刊行に当たって

これは、学術をポケットに入れることをモットーとして生まれた文庫である。学術は少年の心を養い、成年の心を満たす。その学術がポケットにはいる形で、万人のものになることは、生涯教育をうたう現代の理想である。

こうした考え方は、学術を巨大な城のように見る世間の常識に反するかもしれない。また、一部の人たちからは、学術の権威をおとすものと非難されるかもしれない。しかし、それはいずれも学術の新しい在り方を解しないものといわざるをえない。

学術は、まず魔術への挑戦から始まった。やがて、いわゆる常識をつぎつぎに改めていった。学術の権威は、幾百年、幾千年にわたる、苦しい戦いの成果である。こうしてきずきあげられた城が、一見して近づきがたいものにうつるのは、そのためである。しかし、学術の権威を、その形の上だけで判断してはならない。その生成のあとをかえりみれば、その根は常に人々の生活の中にあった。学術が大きな力たりうるのはそのためであって、生活をはなれた学術は、どこにもない。

開かれた社会といわれる現代にとって、これはまったく自明である。生活と学術との間に、もし距離があるとすれば、何をおいてもこれを埋めねばならない。もしこの距離が形の上の迷信からきているとすれば、その迷信をうち破らねばならぬ。

学術文庫は、内外の迷信を打破し、学術のために新しい天地をひらく意図をもって生まれた。文庫という小さい形と、学術という壮大な城とが、完全に両立するためには、なおいくらかの時を必要とするであろう。しかし、学術をポケットにした社会が、人間の生活にとってより豊かな社会であることは、たしかである。そうした社会の実現のために、文庫の世界に新しいジャンルを加えることができれば幸いである。

一九七六年六月

野間省一